中华文明新探索丛书

发现
武王墩

Faxian
Wuwangdun

王珏 主编

中国出版集团 东方出版中心

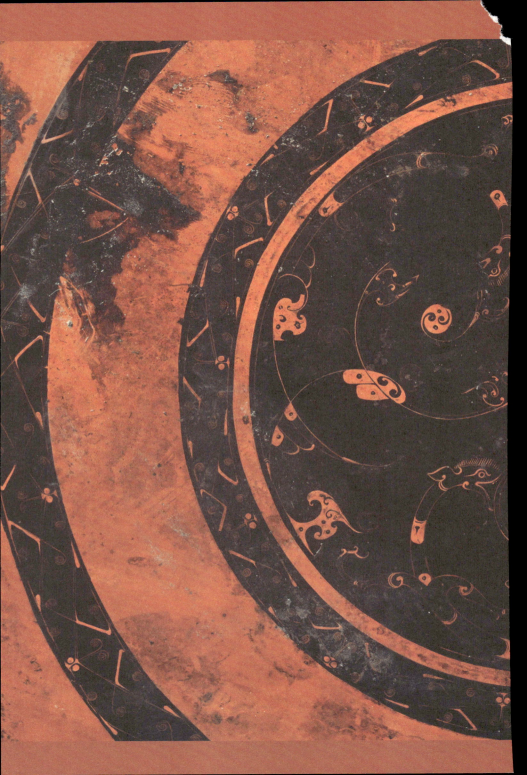

前　言

　　商末，楚人祖先鬻熊辅佐周文王成就大业。西周初年，周成王分封熊绎于荆山，称"楚子"。楚人在熊绎的率领下，"筚路蓝缕，以居山林"，代代开拓，至春秋时期，问鼎中原，号为霸主。战国时期楚国的国力达到鼎盛，位列七雄，在公元前223年被秦灭国前，国祚绵延800余年，是南方最大的诸侯国。

　　"路漫漫其修远兮，吾将上下而求索。"楚人留下了韵律独特、流传千古的辞赋，制作精巧、纹样华丽的漆器，创造了一流的精神文明和物质文明，形成了璀璨的楚文化。而武王墩墓，作为迄今为止经科学发掘的规模最大、等级最高、结构最复杂的楚国高等级墓葬，为今人揭开了战国时期楚文化的神秘面纱。

　　武王墩墓的发掘不仅提供了关于楚国丧葬习俗、社会等级与礼乐制度、宗教信仰等方面的珍贵资料，而且通过精细化的考古发掘和多学科研究，使今人得以窥见古人的衣食住行、祭祀、娱乐和科技水平，以及楚国宫廷的职官设置等历史信息。

　　从考古的角度来看，武王墩墓的发掘是一次重大突破。它不仅填补了科学发掘的楚系墓葬中顶级墓葬的空白，而且完善了楚墓的等级序列资料，如"亚字形"椁

室的九室结构，以及椁盖板上的墨书文字，都提供了关于墓葬营造的重要信息，为研究楚国的物质文化和精神文化提供了直接证据。

从文物保护方面来看，武王墩墓的发掘同样展现了现代科技与考古学的紧密结合。面对常年浸泡在水中的文物，现场应急保护显得尤为重要。国家文物局考古研究中心、北京科技大学、中国丝绸博物馆等组成的文物保护团队，运用科学技术提供的新手段新工具，如丝蛋白加固等，对出土文物进行了加固提取与稳定性保护，确保了文物的安全和考古发掘工作的顺利进行。

"考古中国"是国家文物局主导的重大研究项目，主要针对一些重大考古和大遗址保护开展研究，关注中国境内人类起源、文明起源、中华文明形成、统一多民族国家建立和发展、中华文明在世界文明中的重要地位等关键领域，解决重大历史问题、聚焦推动考古事业高质量发展，建设中国特色、中国风格、中国气派的考古学。武王墩墓考古发掘作为"考古中国"项目的重要成果，对公众理解和传承古代文化遗产具有不可估量的价值。

目 录

凤凰翼其承旗兮，
高翔翔之翼翼。

——《离骚》

解读武王墩墓

文◎中国社会科学院考古研究所研究员　徐良高

揭秘楚国高等级墓葬的史学价值

　　武王墩墓考古是考古学界、史学界高度关注、充满期待的考古发掘项目，到目前为止已经取得了诸多重大成果。武王墩墓墓主应该就是《史记·楚世家》记载的楚考烈王，这也与首次成果发布会时关于武王墩墓是目前为止经过科学考古发掘的最高等级的楚墓的定性相吻合。

　　到目前为止，武王墩墓的考古发掘已过大半，与之关系密切的李三孤堆大墓过去曾出土过多件含宣王、威王、考烈王、幽王等楚王和太子、王后刻铭内容的青铜器，武王墩墓也可能出土同类楚简和青铜器刻铭内容等关键性文字证据，帮助我们最终确定墓主身份。

武王墩墓为探讨寿春城的结构布局与时代、性质提供了关键信息

　　公元前 241 年，楚考烈王为避强秦而迁都寿春，寿春城成为楚国最后的都城。考古发现显示寿春城由一系列遗址构成，如柏家台一带高等级建筑基址群、寿滨小城、西南小城（有学者据文献记载推测该小城为春申君所居）、出土多件龙纹玉璧的状元一号玉器窖藏、出土著名的楚国免税通关证书——鄂君启金节的邱家花园遗址、出土 18 整版楚国金币"郢爰"的花园村遗址、牛尾岗制陶作坊遗址、

楚国中小型墓葬分布区、位于瓦埠湖东侧的楚国高等级贵族墓葬分布区等。武王墩墓正位于楚寿春城遗址东边约 15 千米处，与李三孤堆大墓一起成为楚国高等级贵族墓葬中最突出的大墓。楚国建都寿春虽不足 20 年，但这些遗存无不显示出一种王都气象。通过武王墩墓的发掘，我们获得了确定寿春城为楚国晚期都城的关键信息。通过对武王墩墓葬的位置、规模、布局及与周边遗迹关系的探讨，有助于我们认识当时楚国都城的规划思想、功能分区以及不同社会阶层人员的空间分布，进一步理解楚国晚期城市的行政管理体系、军事防御策略及不同等级居民的生存空间的布局规划。

武王墩墓发掘现场（无人机照片）

武王墩墓的发掘完善了楚墓的等级序列资料，填补了科学发掘的顶级楚墓空白

迄今，考古发掘的东周时期楚系墓葬超 3 万座，其中属于高等级贵族的大墓，有令尹级别的，如淅川下寺二号墓；有封君级别的，如江陵天星观一号墓、信阳长台关一号墓；有大夫级别的，如荆门包山二号墓、江陵望山一号墓、枣阳九连墩一号墓等。属于楚王级别的墓葬中，荆州熊家冢大墓仅发掘了车马坑等附属遗存，未发掘主墓。淮南李三孤堆大墓是 20 世纪 30 年代被盗掘的，墓葬形制、结构和随葬品情况都不甚清楚。这些令尹、封君和大夫级别墓葬的椁室只有 5 个或 7 个分室，墓坑比武王墩一号墓小得多，而武王墩一号墓有 9 室，墓坑边长达 51 米。熊家冢陵园面积 731 亩，陪葬车马坑长 132.6 米，也小于武王墩墓的 150 万平方米陵园和 148 米长车马坑。从随葬品规格来看，武王墩墓随葬的大鼎口径初步测量为 88.5—88.7 厘米，大于李三孤堆大墓出土的铸客大鼎，是迄今所见最大的楚国大鼎，而鼎不仅是当时的国之重器，更是墓主人身份与地位的象征。

关于棺椁制度的研究，武王墩墓中出土的最高等级、形制独特的棺椁及其装饰风格，直接反映了楚国高级贵族的丧葬习俗与等级制度。通过对棺椁的材质鉴定、结构分析以及装饰图案的解读，可以深入探讨楚国棺椁制度的演变过程、文化内涵及其所反映的思想观念，如灵魂信仰、宇宙观以及生死观等。

武王墩墓的考古发现填补了科学发掘的楚系墓葬中楚王级别墓葬的空白，完善了楚墓的等级序列资料，不仅深刻揭示了楚国都城向东迁徙至江淮地区后的社会生活面貌与历史文化图景的丰富细节，也为后人构建了一幅幅生动而复杂的历史画卷。

口径>88厘米

武王墩一号墓东Ⅰ室文物出土情况

武王墩墓的发掘为我们多方位认识楚国社会提供了第一手实物资料

墓葬随葬品无疑是令人瞩目的研究对象。武王墩墓中丰富的随葬品，包括青铜器、玉器、陶器、漆木器等，不仅展示了楚国高超的手工艺水平，还揭示了当时社会的经济状况、物质文化生活水平、科技水平和宗教信仰、审美观念等。通过随葬品的种类、数量、摆放位置及相互间的组合关系，可以推断墓主人的身份地位、生活与政治活动场景以及当时社会的礼仪制度，为理解楚国晚期的社会生活、文化交流及艺术发展提供了直接证据。随葬品中反映出的礼乐文化元素，如乐器、礼器及其组合方式，则是研究楚国礼乐制度不可或缺的资料。另外通过对生产工具、生活用具及工艺品的考察，可以了解楚国当时

铜钫

鎘镂

的农业、手工业、商业发展状况及技术水平，为全面认识楚国社会经济结构提供了重要依据。此外，武王墩墓的考古发现对于研究楚国职官体系也具有重要价值。墓葬中发现的与官职相关的铭文、符号或器物，比如椁盖板上墨书文字中的"南集府""北乐府"与过去李三孤堆大墓出土铜器铭文中的"六室""少府""太府"等，应是为楚国宫廷服务的专门机构。这些发现为探讨楚国官僚制度的构成、职能划分及运作机制提供了线索。以俑代人的陪葬现象既是早期高等级楚墓如熊家冢墓前大量乐舞人员殉人坑的代替，体现了战国晚期楚文化中思想观念的变化，如人道观念的兴起，也开启了汉代高等级墓葬大量陪葬人俑的先河，承前启后，证明了楚文化对汉文化的重要影响。

可以说武王墩墓的考古发现是多维度、多层次展现楚国晚期历史文化的珍贵资料，对于推动楚国历史乃至先秦史的研究具有深远意义。

武王墩墓对于我们研究楚文化在西北与东南两个方向的进退提供了实证史料

有周一代，楚人与楚文化的主要对手和争霸对象是中原文化及其政权。西周时期，楚人与周王室发生过激烈的冲突，招致西周早期的昭王南征荆楚。东周时期，早期的晋国和后来的三晋（韩、赵、魏）都是楚人的主要对外争斗对象。虽然楚文化主要受到中原地区周文化的影响，楚人也把自己的主要努力方向放在北方的中原地区，但影响楚国成败和楚文化未来的重要因素却是它与西北和东南两个方向的相关政治势力与文化的关系。因此，我们不仅要关注楚文化与中原文化

的关系，更要关注楚文化在西北与东南两个方向的进退与发展。

春秋时期，楚人在北上争霸中原的过程中，同时向西北和东南两个方向发展。向西发展，灭庸逐巴，将自己的影响力发展到今天的陕南、川东一带。进入战国时期，楚国在与西北的秦国斗争中常常落败，楚国势力与楚文化逐渐从西北方向后退，这一点从商洛地区和安康地区的楚墓被秦墓所取代的考古现象中可以得到验证。

不过，楚人在东方和东南方却不断取得成功。春秋之时，"汉阳诸姬，楚实尽之"已显示楚国早期的东进战略。此后，楚人不断在东方灭国拓疆。战国之时，楚国还常常联合西北的秦国来共同对付东方的齐国，巩固自己在东南方向的扩张成果。战国晚期，秦楚争锋，楚在西方居于守势，然失之东隅，收之桑榆，楚国与楚文化在东方与东南方获得了长足的发展。经楚威王、怀王、考烈王几代，终于灭越，据有江东之地。考烈王时，于公元前256年又灭鲁，将鲁南、苏北纳入自己的统治区域。经过长期的扩张、发展，长江与淮河流域的大部分地区成为楚文化的分布区。

据文献记载，楚国两次迁都位于今天信阳的城阳城也与此相关。第一次，公元前506年前后，楚国与东南方的吴国交战，吴国军队攻破楚都郢，楚昭王逃亡，楚国第一次将国都临时迁于城阳。最终，西北的秦国派兵"五百乘"，前来援助楚国，使楚国免去亡国之祸。第二次，公元前278年，秦国大将白起攻破楚都郢，并占领湖北一带大部分楚地，形势危急。无奈之下，楚顷襄王不得不把楚国的统治中心第二次迁到城阳，以此作为自己的临时都城。此后又迁都淮阳、巨阳，最终定都寿春，开启了楚国晚期立足东南，继续生存几十年的新局面。

从考古发现来看，在传统的吴越文化区内，西周至战国前期，流

鎏金铺首衔环

行的都是土墩墓和石室土墩墓，葬具为独木棺。这类土墩墓和石室土墩墓在宁镇地区、环太湖地区、宁绍平原、浙南闽北、皖南等地区广泛存在，甚至出现于苏北的连云港一带，是标志性的吴越文化特征。但进入战国后期，土墩墓和石室土墩墓却消失了，被与武王墩墓风格相似的楚文化特征竖穴土坑墓所代替，楚式棺椁代替独木棺，此前以原始瓷和印纹硬陶为主的随葬品也被楚文化特征的陶器、仿铜陶礼器、人俑、漆木器等所取代。这些现象表明，在楚国历史的后期，楚文化在整合南方和东方文化方面发挥了至关重要的作用。

战国晚期，楚文化取代传统吴越文化成为东南地区的主流文化认

漆碗

木俑首

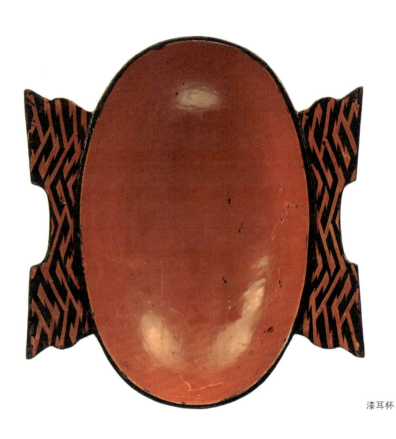

漆耳杯

同。也正因为这种对楚文化认同的形成，项氏几代虽本为楚国传统贵族，却以江东，即原来的吴越文化区为自己的老家、根据地，最终率领主要为吴越之人的江东子弟北上灭秦，实现"楚虽三户，亡秦必楚"的豪言壮志。

武王墩墓的资料为我们探讨楚国如何经营东方地区，楚文化如何整合东方、南方文化，进而认识楚国、楚文化在中华民族"多元一体"历史发展进程中的作用与地位，提供了重要实证史料。

武王墩墓有助于我们更全面地认识楚国的历史地位和文化价值

　　器以藏礼，中华文明的形成即国家的出现和成熟以礼器制度的形成与成熟为标志。从新石器时代的多元文化到龙山时代的各地方国间"文化互动圈"，一批玉质和陶制礼器出现并在不同区域文化中互见，如玉琮、玉璧、陶鬶等；到二里头文化时期，礼器系统初步形成，如铜鼎、铜盉、铜爵、玉璋等，标志广域统一国家的出现。商周文化继承并发展了二里头文化的礼器系统，形成成熟的青铜礼器体系，"青铜礼器文化圈"从黄河中游不断扩展到长江流域和长城地带，昭示以青铜礼器为象征标志的大一统国家和共同文化认同的成熟与扩展。与礼乐文化相辅相成的是中华文明独特的汉字体系。高度发达的铸造青铜礼器和传承有序的汉字体系是有别于世界其他古代文明的中华早期文明的突出特征，彰显了"何以中国"的历史进程。从青铜礼器系统和汉字体系的成熟看，商周王朝奠定了中华文明的基础。

　　东周时代是在分裂中有统一，东周列国继承了商周时期的以青铜

"阜平君"铭铜虎座

铜鼎

铜簠

礼器系统和汉字体系为表征的母体文化。随
着秦、楚、燕、齐、吴、越等国家疆域的拓展，
在各国区域文化扩展的同时，这些国家把商周母
体文化和一些共性的东西也同样拓展到周边的很大
一个区域。秦的统一不是开天辟地第一次，而是在周一
统基础上的再次统一，其历史根基就是周文化及其带来
的广大区域内的文化认同，表现在物质文化遗存上就是
东周列国在文字、器用上的大同小异。

武王墩墓出土铜器

　　武王墩墓出土的"九鼎八簋"和编钟、编磬等整套青铜礼乐器是
长期发展的礼乐文化的产物。发掘出土的文字数量庞大，考古人员通
过红外设备辨识，目前已发现并采集100多句、近千个文字，内容丰
富，均属于古代汉字系统。这些青铜礼乐器和文字均属于中国三代文
化大传统，是礼乐文化大传统在战国晚期楚文化中的具体体现，显示
了楚国对礼乐文化的高度认同和楚文化在"多元一体"中华文明中的
重要地位。

武王墩墓部分出土铜器

武王墩墓的发掘解决了众多学术困惑与历史谜团

自 20 世纪 30 年代以来，李三孤堆墓群的发掘与研究虽取得了显著成果，但也存在诸多未解之谜，如椁室的 9 室结构到底如何，盗墓出土的钩状"花石器"到底是作什么用的，等等。

此次武王墩墓的发掘，通过严谨科学的考古方法，揭开了这些历史谜团，如椁室的 9 室呈"亚"字形对称分布，是高等级墓葬的一种代表性椁室形制；钩状"花石器"原是插于椁室内壁墙上，具有挂钩的功能。

石板出土情况

石板

　　楚都寿春时期正是秦统一的前夜，齐楚燕秦韩赵魏七雄争胜，逐鹿中原。孟尝、平原、信陵、春申四公子礼贤纳才，合纵连横，也为我们带来了"鸡鸣狗盗""毛遂自荐""脱颖而出""无妄之灾"等脍炙人口的成语典故。武王墩墓和邯郸赵王陵、临淄齐王陵、新郑韩王陵、临潼秦东陵等一起成为这段跌宕起伏的战国风云的历史见证，而武王墩墓是其中迄今为止唯一科学发掘且保存良好的王陵级大墓。

　　本次发掘是一次秉持精细化发掘理念，预先制定周密发掘规划，文物保护与多学科研究同步开展的科学发掘，是"大考古"理念的具体实践。通过发掘和研究，我们不仅知道了楚人如何营建陵墓、埋葬逝者，而且从随葬品中获得古人的衣食住行、祭祀、娱乐和科技水平，以及楚国宫廷的职官设置等诸多方面的历史信息。比如，从棺椁来看，不仅体量巨大，而且结构精巧，多重木墙和盖板之间紧密扣合，榫卯相连。如此大量的木料和复杂的设计构造，不仅体现了墓主的尊崇地

位和雄厚实力，而且显示出当时存在经验丰富的专门机构在组织设计与施工。

在整个发掘过程中，我们深感国家对此项目的高度重视与全方位支持。从规划制定到文保措施，再到多学科研究的协同推进，每一个环节都体现了科学、细致、全面的原则。这种高标准的考古工作模式，不仅为当前的研究提供了有力保障，也为未来的学术发展奠定了坚实基础。未来，随着武王墩墓及陵园考古发掘工作的深入以及后续研究的展开，我们有理由相信会有更多超出预期的新发现。这些发现不仅将为我们揭示更多历史真相，也将为考古学和历史学的研究注入新的活力。对此，我们充满期待，并坚信将不断取得新的突破和收获。

后记

最新发掘成果中包括多件有铭青铜器，铭文中有"楚王酓前"的名字，显示墓主人正是《史记·楚世家》中记载的楚考烈王熊元，证实了我们早先的推测。

知 识 链 接

漆器

　　早在新石器时代，中国的先民便开始使用漆，他们将漆涂敷于器物之上，漆器应运而生。春秋战国时期，楚国的漆器极负盛名，用途广泛，种类繁多，礼器、兵器、葬具等囊括无遗。丰富的造型、精良的制作、繁复的纹饰、斑斓的色彩，汇聚成独树一帜的楚漆器艺术。

武王墩墓出土漆器

　　楚人认为自己是火神祝融的后裔，火为赤色，于是楚人尚赤，以赤为尊，并将这种习俗延伸到漆器上，目前出土的楚国漆器很多都是赤与黑的配色，黑漆为底，赤漆描纹，体现了楚人对赤色的钟爱。

身既死兮神以灵，
子魂魄兮为鬼雄。
——《九歌·国殇》

初识武王墩

文◎安徽省文物考古研究所研究馆员、武王墩墓考古发掘队领队 宫希成

两千年前，在这片钟灵毓秀的土地上，风云际会，英雄辈出，一位显赫的王者，以其非凡的智慧与勇气，书写了属于那个时代的传奇。而今，随着武王墩墓考古项目的正式启动，我们仿佛能穿越时空的裂缝，听到远古的呼唤，感受到那份跨越千年的庄严与神秘。

每一铲土的落下，都可能揭开一个新的秘密，每一件文物的出土，都是对古代文明的一次精彩注解。历史的碎片在我们眼前逐渐拼凑成一幅幅生动的画面……

周详计划　万全准备

武王墩墓地，位于安徽省淮南市三和镇徐洼村。从地理位置上来看，这里地处淮河南岸，北边紧邻舜耕山，向南是开阔的平地，西边有瓦埠湖，湖泊呈南北向分布，湖面北端西侧就是楚国晚期的最后一个都城——寿春城的所在地。根据之前的考古发现和研究结果，寿春城的周围分布着丰富的楚国墓葬遗存，中小型的墓葬主要集中分布在都城遗址的西南方向，都城以东则是楚国大中型墓葬的分布区域，武王墩就在这个墓区的北端。

武王墩保存下来一个比较完整的独立陵园，这个陵园是由近似于方形的壕沟围绕起来的，壕沟内的面积大约150万平方米。陵园内，除了主墓一号墓，还有车马坑、陪葬墓、祭祀坑等相关的重要遗迹，其中车马坑大约148米长，是目前已知的楚国墓葬当中最长的一座车马坑。

截至目前，墓室已经发掘完毕，提取各类文物过万件，以及大量动植物遗存。墓葬整体发掘工作接近尾声。

武王墩一号墓，在层层盖板之下，用巨大枋木筑起的椁室分为9个室，这是目前能看到的数量最多且保存完好的椁室布局。墓室采用4层盖板的独特结构，以枋木与薄板依次交替，形成多层封护，第1层盖板用的枋木，宽度和厚度都是50厘米左右，最长的接近8米，最重的达2吨以上；中室在第1层枋木之下使用了一套半肩透榫套接的"井"字形框架结构，无疑是迄今所见结构最复杂、等级最高、规模最大的楚墓。

安徽寿县、淮南一带，向来有"地下博物馆"的称号。20世纪30年代被盗掘的楚幽王墓，出土了大量青铜器，其中，一尊硕大的青铜鼎尤为震撼，那就是安徽博物院的镇馆之宝——铸客大鼎；1955年，寿县古城西门附近发现了蔡昭侯墓；寿春城遗址也不断发现各类珍贵文物，其中包括大名鼎鼎的楚国免税通关符节"鄂君启金节"和大量的楚国金币。从寿县及其附近地区考古发现的历史中，可以看出这片区域对于楚国历史、楚文化研究的重要意义，目前正在进行的武王墩考古项目，也将为相关研究提供新的更丰富的实证资料。

发掘武王墩的决定是综合了现实条件、科技水平、紧急程度等多方考量后做出的。

2015年冬，武王墩墓被盗，2018年案件侦破后已陆续追回被盗掘的珍贵文物70余件，其中包括编钟、编磬、漆木虎座鸟架鼓等。

盗墓贼逐利而来，不可能采取妥善的保存手段，导致墓葬内许多文物受损，漆器表面严重剥落，一些无法带走的大型文物甚至被锯成碎片，这些行径给武王墩墓和其中的文物造成了难以挽回的损害。盗挖的行为也改变了墓葬内的环境，使文物在地下的埋藏环境发生变化，文物安全存在重大隐患，急需开展科学的考古发掘和文物保护工作。

为了最大程度上挽救武王墩墓遭受的破坏，减少文物受损的影响，在研究和讨论后，安徽省第一时间申请了对武王墩墓的抢救性考古发掘，2019 年 11 月得到国家文物局批准。武王墩墓具有重要价值，且情况特殊，比较紧急，安徽省成立了淮南武王墩墓考古发掘与保护工作领导小组，专门针对武王墩墓开展工作，国家文物局也成立了考古专家组、文物保护和多学科研究专家组，全程指导考古发掘、文物保护和后续的研究工作。各方共同合作，组建了联合考古队，考古队的常驻人员共 47 名，队员们主要来自安徽省文物考古研究所、国家文物局考古研究中心、厦门大学、山东大学和淮南市文物考古研究所，是安徽省单个考古项目投入人数最多的。此外，先后参与发掘、保护研究工作的大学和科研合作单位有 15 个，聚集了多院校、多学科、多领域的力量，都是对应领域里、全国范围内最优秀的专家或团队。

武王墩墓的考古发掘工作不容有失，所以在工作开始之前，需要做好万全地准备，考虑可能影响发掘的所有因素，遵循科学化、规范化、精细化的指导思想，考古发掘与文物保护工作同步推进的原则，制定好详细的工作方案和流程。武王墩墓所处的环境也是必须考量的现实问题，整座武王墩墓被水浸泡，水面上的椁盖板、竹席，连同椁室里的文物也都常年处于饱水状态。这要求我们处理好打开后的紧急

2020 年武王墩墓发掘
前原貌 （俯视上东 ）

2020 年武王墩墓发
掘前原貌 （镜向西 ）

2020 年武王墩墓清
表布方 （俯视上北 ）

情况，尽可能保留最多的科学信息，尽快提取文物并送到实验室，力求最大限度保障文物安全。同时，要具备必要的工作设施和技术条件，包括现场的设施设备、考古勘探、安保、技术、队伍组建、手续用地等，还包括对相关文献和考古资料的收集分析。前期准备过程用了约半年。

方案和应急预案在经过多次论证获批后，武王墩一号墓的发掘工作从 2020 年 9 月开始。经历了数度寒暑，相继完成封土和填土发掘，提取了椁室上铺设的竹席 200 多平方米、椁盖板 400 多根，完成了椁室内部的发掘和清理。在此期间，在当地政府支持下，完善了必要的配套设施，一号墓现场建造了保护大棚，文物库房、文物保护实验室也相继落成。

综合技术　对症施策

在考古发掘的具体过程中，墓葬本身所处的环境不稳定，文物保护难度高，抢救性发掘是有时间窗口的，不能忙中出错、忙中出乱，要保证文物被完好提取出来，放到安全的环境里，这是最重要、最紧急的任务，后续的研究其实是一个长期的过程。在提取一件文物之前，要先对它的位置和状态进行扫描、测绘、记录，在现场首先要进行初步判断，分辨文物是什么，对能清洗的、小一点的个体，就会在现场用纯净水进行简单清洗，随后拍照存档，然后进行称重，观察它是否完整、是否有残损，如果发现残损，就要第一时间记录好具体位置，最后再包装好，运到文物库房里去。

武王墩墓里的各类文物众多，包括木器、铜器、石器等许多不同种类，对于不同材质、状态的文物，应当采取不同的发掘、保护和研究方法，"对症施策"，各有侧重，有针对性地进行考古发掘和文物保护工作。

椁室长期被水浸泡，水中的发掘工作要结合墓坑的具体结构进行规划，为了早做准备，需要利用新的手段提前了解。其中高密度电阻率法探测取得了较好效果。这是一种阵列勘探方法，岩石、土层的导

武王墩一号墓盖板揭取后木椁室布局

电性存在差异，人工施加稳定电流场时，电流的传导、分布规律也有区别，设置高密度观测点，对获取的参数进行处理和成像，就可以探测墓坑的三维结构。墓坑平面呈"甲"字形，东边有一条斜坡墓道，从封土的顶部到墓葬的最底部大约有33米。墓葬四壁有台阶逐级内收，填土层层夯实、夯面都非常平整，夯窝非常清晰。填土之下，就是木结构的椁室。木椁室采用的是"亚"字形布局，分室9间。

　　首先遇到的难题是竹席的揭取和保护问题。椁盖板上覆盖的竹席，已经非常脆弱，揭取难度极大。保护团队通过反复实验，设计了从现场清理、临时固型、提取、包装运输一整套科学流程，成功提取竹席200多平方米。这是目前国内外开展的面积最大的古代竹席提取工作。

　　发掘过程中遇到的脆弱文物和复杂堆积遗迹，先采集痕迹信息，在现场第一时间就进行应急保护，采取薄荷醇、石膏绷带、高分子绷带、液氮冷冻、插板等多种材料与方法进行提取，转移到实验室内再

覆盖于椁盖板上的竹席

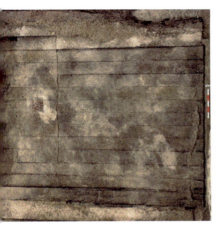
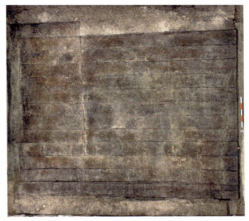

竹席清理前（南室）　　　　　　　　　　　　　　竹席清理后（南室）

开展室内精细化清理和稳定性保护。

　　现场环境控制是非常重要的一环。为防止椁木和漆木器等快速失水而发生干缩、开裂、变形，需进行保湿处理。通过安装自动雾化喷淋系统，定时进行喷淋保湿，同时尽量控制温度，并覆盖塑料薄膜防止水分流失过快，保障发掘过程中和发掘结束后的文物和椁室安全。

科技赋能　多元合作

　　刚刚出土的文物需要第一时间进行应急保护，这就需要我们联合考古团队中各个领域的专家，结合各学科的知识，让全面多元的力量助力考古工作和文物保护。考古实验室就设置在发掘现场附近，包括低氧灭菌室、分析检测室、纺织品文物保护室、无机质文物保护室等，各个实验室分工不同，分别负责处理不同材质的文物，针对性解决精细化的问题。

　　许多有机质文物容易腐坏、变质，低氧灭菌舱可以实现温度、湿度和氧气的控制，放在这样的灭菌舱里保存，通过控制所处环境，比如将含氧量限制在 0.5% 左右、湿度控制为 99%，能够有效减缓文物的劣化速度，实现文物杀菌和稳定性保存的目标。在墓室内提取出来的有机质文物都会先存放在那里，等待后续进一步的处理。分析检测室进行的相关工作主要是文物材质、成分、图案等的检测研究，对不同质地的文物进行细致地观察和分析之后，确定它们的成分和状态，从而进一步制定保护修复和研究方案。除了三维视频显微镜、红外光谱、扫描电子显微镜观察等常规手段，我们还使用了一些新技术，比如采

浮雕彩绘漆木构件

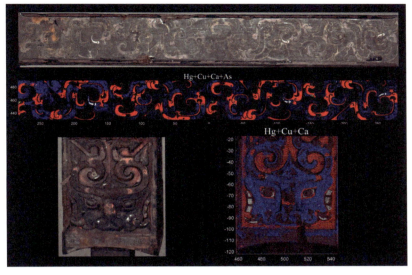

纹饰与图案的信息提取

用 X 射线探伤技术，对出土青铜器的制作工艺和病害进行研究；有些漆器上的图案颜色暗淡，用曲面微区 X 射线荧光光谱仪，提取纹饰和图案信息，并绘制出元素分布图，初步判断各种材料的可能产地，这些信息都为后续修复提供了科学依据。这种新型的光谱仪还是首次应用于文物保护和研究中。

通过跨学科、多平台协作，联合植物学、动物学方面的专家，我们系统开展了动植物遗存鉴定、残留物分析的工作。在一号墓里，有一种叫作植物包的遗存，就是用植物叶把多种食材包裹起来、捆绑在一起，已经鉴定出葫芦、甜瓜子、梅、栗等瓜果植物遗存、坚果，粟、黍、水稻等农作物，花椒、锦葵等香料作物，以及传统中药植物吴茱萸等。在各种容器残留物中，鉴定有牛、猪、羊等多种动物骨骼，还有鱼类遗

1. 黍 2. 花椒 3. 粟 4. 水稻

武王墩一号墓东 I 室出土植物包内植物遗存

存。这不仅揭示了当时楚国的饮食文化，也能反映墓主人生前的饮食偏好，为研究楚国的饮食、农耕等生活内容提供了重要的史料证据。

　　武王墩墓考古发掘项目建设了考古综合业务管理平台，所有记录资料实时存入，做到考古发掘数据资料高效科学采集、记录与管理，并提供了对出土文物的全流程跟踪与管理等应用支撑，为后续武王墩考古资料的研究与利用奠定了良好的数据基础。在现场信息采集方面，我们既有传统的采集记录方式，又有多重新技术手段进行数据精确采集。基于地理信息系统技术，融合高精度分层正射影像数据，实现利用考古记录移动终端系统对考古现场探方、遗迹以及出土文物等考古对象的地理空间数据的采集，精确定位和记录考古发掘单元每层出土文物的空间位置坐标。快速生成所需层位正射影像，用于出土文物分布位置标记和记录。

　　多学科、多平台、多领域的专家和团队共同协作，运用科学技术提供的新手段、新工具，可以获取更多的信息，也使我们发现和分析能力不断增强、对历史文化遗产的保护水平不断提高。这种科技赋能、多方合作的方向要继续坚持下去。

以史为据　立足实证

　　武王墩墓是迄今为止经过科学发掘的规模最大、等级最高、结构最复杂的楚墓，是楚国最高等级的丧葬礼制。这座墓从建造的角度看，其工程量和难度都很大，耗费了巨大的人力和物力，代表了当时的设计、施工的最高水平，也不是短时间内能够完成的。比方说填土都经过一层一层夯打，夯窝非常清晰，每一层的夯面都做得非常平整，可以说是精益求精了，光是这个环节就要用很长的时间；木椁室不仅体量巨大，而且使用结构复杂的精巧榫卯紧密扣合，这也是目前国内首次见到的、结构清晰明确的9室楚墓。因此我们把营造过程也列为重要的研究内容之一。

　　但是，有很多谜我们目前还解不开。比如说，像这么大规模的墓坑不是短时间内能够完成的，当时的技术应该无法在露天的墓坑上方建造一个巨大的顶棚用来防雨，下雨的话要怎么办？遇到雨水如何能保持不垮塌？那么重的木材，如何给它安装到位，还能摆放得那么整齐？我想古人肯定自己会做一些简单的器械，只是目前还没有找到相应的实物证据。对于楚国建筑工艺、技术的问题，已经有专门的团队在进行研究，有许多的迹象都是新发现，到底它们起到什么作用，现在还不好遽下结论。实际上，武王墩墓能够历经两千多年仍保存较好，与其在结构设计、建造工艺上高标准、高要求有关。在后续的发掘工

作中，计划将对墙板、底板进行拆解，并探究出这些木材在摆放时的先后顺序，力求最大程度还原武王墩墓建造的全过程。

目前，文物的提取工作正在稳步推进当中，已经得出了一些阶段性的成果和认识。

第一，武王墩墓拥有布局清晰的独立陵园，规模大、结构复杂，应属于楚王级别墓葬。科学的发掘工作填补了楚系墓葬中顶级墓葬、高等级陵墓制度的空白，完善了楚墓的等级序列资料，为研究楚文化的陵园设计、丧葬习俗、社会等级与礼乐制度、宗教信仰等提供了重要资料。

通过发掘和研究，我们不仅可以了解到楚人如何营建陵墓、埋葬逝者，而且从随葬品中获得古人的衣食住行、祭祀、娱乐以及楚国宫廷的职官设置等诸多方面的历史信息。武王墩墓的墓葬形制、营建工艺、出土文物都代表了楚文化的最高成就，能够比较全面地反映出战国晚期楚国的政治、经济、文化、技术、社会等各方面的图景，已经发现的各重要迹象都刷新了我们的认知，具有重大学术价值，成为一段战国历史的见证。

第二，本次发掘成果对解决长期未决的相关学术争论和一些具体文物功用问题起到了一锤定音的作用。例如关于李三孤堆大墓椁室结构布局是"亚"字形9分室结构还是方形9分室结构一直有不同的复原方案，结合武王墩墓的发现有望得以解决；李三孤堆大墓中的"圭"形石板和钩状石板的用途，随着武王墩墓的发现得以明确等。

第三，除了典型的楚国器物，在武王墩墓中还出土了具有不同国家、地区风格的文物和文字资料，反映了当时各地区间的文化交流，为认识楚国、楚文化在中华民族"多元一体"历史发展进程中的作用与地位，提供了重要实证。从中华文明演进的整体历程上看，武王墩墓的建造年代处在封建国家体系趋于解体、大一统国家即将孕育形成的关键时期，对于研究周秦楚汉的历史演变，追溯秦汉中央集权的大一统国家的形成过程都具有重要意义。

第四，武王墩墓中发现了大量的文字资料，除了竹简，在椁木上已经采集到丰富的墨书文字，在20多件青铜器上发现了铭文，在漆器、车马器、石磬等器物上也发现数量不菲的铭刻或书写文字，这些都将为今后继续深入的研究提供更多详细的信息。相信随着对发掘资料整理研究工作的推进，会有越来越多新的资料信息被发现，从现在的这些情况来看，武王墩墓是一个宝库，需要我们未来慢慢花时间、花精力一步步研究，将其丰富的内涵充分揭示出来。

武王墩墓阶段性成果发布后，引起了社会各界的广泛关注，成了网络热点话题。墓主人是谁？自然也是备受关注的问题。

确定墓主人的身份，是一个看似简单却非常难的事。武王墩墓拥有独立的陵园，从其墓葬规模、形制、出土文物组合等来看，都具有战国晚期楚文化的典型特征。可以确定，这是一座最高等级的楚国墓葬。结合以往考古成果、出土文字材料与文献史料等综合分析，墓主人极大概率是《史记·楚世家》中记载的楚考烈王。这位楚考烈王是楚顷襄王之子熊元，曾在秦国做"质子"，后在春申君黄歇的帮助下逃归楚国，继承王位，成为第39任楚王，在位时间是公元前263年—前238年，是他在公元前241年将都城迁到寿春。对于他的成就，总结起来就是"灭鲁、救赵、抗秦、强楚"，成语"毛遂自荐""无妄之灾"等也都和他有关，在楚国晚期的发展历史中，楚考烈王算是一位有作为的重要人物。

当然，最直接、最有力的证据就是文字资料。我们已经在出土的铜簠、鼎等不同的器物上，发现有"楚王酓前……"的铭文，根据古文字学的最新研究，"酓前"就是楚考烈王熊元。对已有的证据进行综合性的分析，我们判断墓主人很可能就是楚考烈王。

结语

"考古中国"是国家文物局主导的重大研究项目，主要针对一些重大考古和大遗址保护开展研究，关注中国境内人类起源、文明起源、中华文明形成、统一多民族国家建立和发展、中华文明在世界文明中的重要地位等关键领域，解决重大历史问题、聚焦推动考古事业高质量发展，建设中国特色、中国风格、中国气派的考古学。武王墩墓考古发掘作为"考古中国"项目的重要成果，也是建设文化强国、增强文化自信的一项重点工程。我们要通过科学的手段把它发掘好、保护好。

安徽省和淮南市立足武王墩墓遗址保护、文物活化利用，着眼文化传承、文旅融合发展，高站位谋划、高起点布局，遵循新时代文物保护方针，一体推进武王墩大遗址保护和武王墩考古遗址公园规划、建设。武王墩墓考古发掘，也为武王墩考古遗址公园建设和保护利用工作，提供了科学支撑。现已编制完成《武王墩考古遗址公园规划》，各项工作都在有序推进中。考古遗址公园的建成，更能向公众宣传武王墩墓及其相关历史，推动楚文化等中华优秀传统文化不断普及，服务于文化强国的建设，增强文化自信。

鄂君启金节

鄂君，其名为启，因封地在鄂，故被称为鄂君启。

鄂君启金节以青铜铸成，呈竹节状，是楚怀王颁给鄂君启用于水陆运输货物的免税通行证，共5件，分为舟节和车节，每件舟节上有错金铭文164字，每件车节上有错金铭文148字。据铭文记载，鄂君启金节的颁发时间为楚国"大司马邵阳败晋师于襄陵之岁"，其规定了鄂君启商队的运输规模、商队通行范围、运输方式、征收关税方式和持节人待遇等，特别规定禁止贩运能制作兵器、铠甲的铜、皮甲、箭杆等军用物资。

鄂君启金节

春兰兮秋菊，
长无绝兮终古。
——《九歌·礼魂》

再探武王墩

文 ◎ 国家文物局考古研究中心研究员、武王墩考古项目文物保护负责人　张治国

战国时期楚国人的真实生活是什么样子？当时有着怎样的技术水平和文化传承？战国末期、秦统一之前政治与社会是如何变迁的？

随着封土和填土的逐步清除，四层椁盖板的拆解提取以及椁室内部的仔细清理，一座大型楚国高等级墓葬——武王墩墓呈现在世人面前。从最初挖下第一铲土到现在，考古人员已经向下发掘超过 30 米，沉睡千年的文物逐渐重见天日，也唤醒了在历史长河中已沉睡千年的楚王朝。

武王墩墓　地下史书

安徽淮南市寿县，古称寿春，它北依舜耕山，东西向与南北向的两条轴线上，分布多个已知的楚国贵族墓葬群。它们不仅见证了楚国昔日的辉煌，也为我们今天提供了窥探古代文明的一扇窗口。其中，一座名为武王墩的古代墓葬千年来静静地躺在舜耕山下，它北接蜿蜒的淮河，南眺一片开阔的平原，与瓦埠湖遥遥相望，西邻楚寿春城遗址——楚国晚期的最后一个都城，其历史痕迹依稀可辨。作为这个墓区中最大的一座墓葬，武王墩墓的存在不仅彰显了墓主的社会地位，更是我们了解战国时期楚国历史的重要线索。

2015 年冬，武王墩不幸被盗掘。2018 年，淮南市公安机关成功侦破此案，追回了 70 余件珍贵的文物，但遗憾的是，墓葬本身已经遭受了严重的破坏。经过专家评估，墓葬的地下埋藏环境发生了剧烈变化，地下文物的安全存在巨大隐患。出于文物保护和楚文化研究两方面的考虑，2019 年，安徽省向国家文物局提出了对武王墩墓进行抢救性考古发掘的申请，获国家文物局批复同意。2020 年，武王墩墓的考古工作正式拉开帷幕。

安徽省迅速行动，成立了淮南武王墩墓考古发掘与保护工作领导小组。汇聚安徽省文物考古研究所的精英力量，与国家文物局考古研究中心、厦门大学历史与文化遗产学院、山东大学考古学院、淮南市文物考古研究所强强联手，共同组成了联合考古队，常驻工作人员 47 名。为了确保发掘工作的专业性和科学性，国家文物局特别成立了考古专家组、文物保护和多学科研究专家组，由业内的资深专家全程参与指导。此外，为了更好地完成文物保护和多学科研究任务，还有 5 家单位受邀实际参与文物保护工作，10 余家单位参与多学科研究，聚集了多院校、多学科、多领域的力量，为武王墩墓的保护和研究工作提供了全方位的支持。

武王墩墓外围设有独立陵园，平面近方形，总面积约 150 万平方米，四周环绕着长达 5000 米的环壕，如同一座固若金汤的城池，守护着墓葬的安宁。陵园内，主墓（一号墓）、车马坑、陪葬墓、祭祀坑等遗迹错落有致，其中，车马坑位于主墓西侧，南北长约 148 米，是目前所知楚系墓葬中最长的车马坑，仿佛一条时光的长廊，引领我们穿越回那个战马奔腾的年代。

武王墩墓考古发掘现场（无人机照片）

武王墩墓考古发掘现场

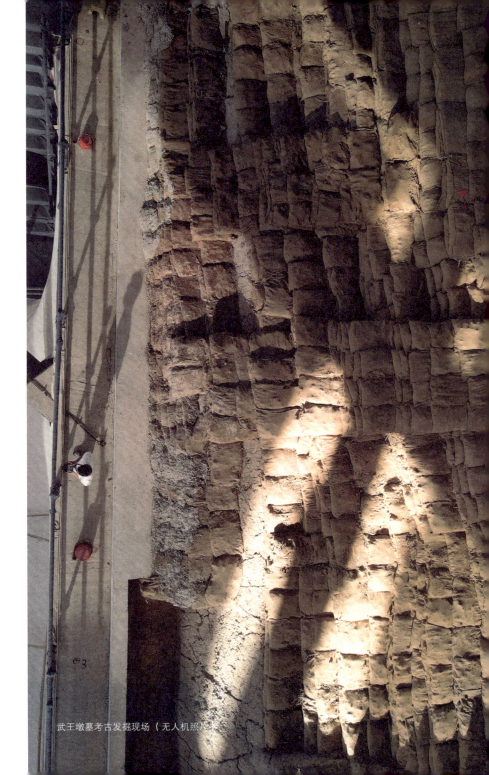

武王墩墓考古发掘现场（无人机照片）

武王墩一号墓是陵园内规模最大的墓葬，位于陵园中部偏北隆起的高地上，坐西朝东，东部有一条长42米的长斜坡墓道，如同一条通往历史深处的阶梯。地表以上有高大的封土，封土呈覆斗状，高出地表约16米，由夯筑和堆筑相结合构建而成，坚固而神秘。封土中藏有铁锸、铁锛、铁矛、竹筐等遗物，见证着古代工匠的智慧。

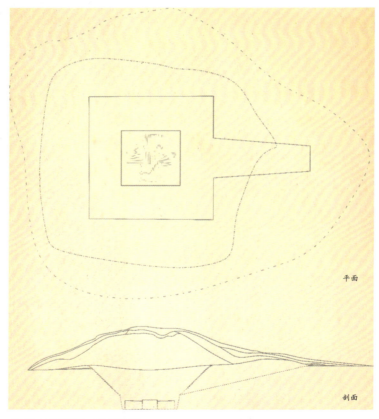

平面

剖面

武王墩一号墓平面、剖面示意图

武王墩一号墓椁室盖板揭露完毕后的情况

　　墓坑底部呈方形，边长约 22 米，中心用巨大枋木构筑椁室。椁室平面整体呈"亚"字形，中心为棺室，四周各有一个边室，边室内部又以枋木构筑墙体一分为二，整个椁室被分隔为 9 室，是目前所见楚系墓葬分室最多的。令人欣喜的是，专家组在椁室盖板和墙壁上发现了近千个墨书文字，经专业人员识别，该文字为典型的楚国文字，清晰标示了每根椁盖板的位置、次序和各个椁室的功能，为这场古今对话建立了桥梁。从已知情况来看，椁室东侧主要埋葬各类青铜礼器、南侧是兵器和生活用器、北侧为乐府、西侧则营造了乐舞和车马出行的场景，南方潮湿，木椁室原本处于地下饱水状态封存，水位下落后，文物次第堆叠。

　　作为战国时期最为强盛的诸侯国之一，楚国雄踞一方，延续长达800 余载，在经济领域蓬勃发展，文化层面繁荣昌盛，艺术境界登峰

造极，冶金铸造技术更是独步天下。此次考古发掘中，众多美轮美奂、巧夺天工的器物如繁星般接连破土而出，它们宛如历史的使者，栩栩如生地向世人倾诉着 2000 多年前楚人所缔造的震古烁今的辉煌成就。

文物瑰宝　再现楚韵

自 2024 年 4 月 16 日起，考古团队按照发掘方案，在专家的指导下，加快推进椁室文物的清理发掘工作。尽管北Ⅰ、Ⅱ室曾遭受严重盗扰，但考古团队仍然从中提取了各类文物共 3000 多件（组），大量动植物遗存等。众多珍贵文物的出土，如同一扇扇穿越时空的大门，向我们展现了 2000 多年前楚国辉煌灿烂的历史文化。这些文物不仅是精美的艺术品，更是研究楚国社会、经济、文化等方面的重要实物资料。

在东Ⅰ室，出土了种类繁多、工艺精湛的青铜器，目前已提取青铜器 150 多件（组），器类包括鼎、簋、簠、敦、钫、壶、甗等，青铜礼器的组合保存完整。青铜鼎造型厚重，鼎身纹饰精美，其工艺水准体现了当时楚国高度发达的青铜铸造技术。墓内最大的青铜鼎虽掩埋 2000 多年，仍保留着最初的吉金色。大鼎的口沿直径粗测超过 88 厘米，有望成为迄今为止出土的、我国东周时期口径最大的青铜圆鼎。此外，此次考古发现的 3 件青铜甗，同类不同款，"折叠腿儿"甗更是罕见。专家介绍，现代人常用的蒸锅，其实就是甗在漫长历史演化中形成的变体。"折叠腿儿"甗三足高挑纤细，"膝盖处"设置可折叠 90° 的机关，且隐藏在兽面花纹后，这种精巧且美观的设计感，实属罕见。

铜甗

大鼎

武王墩墓部分出土铜器

　　值得一提的是，编钟的发现也令人惊叹。武王墩一号墓出土的一组编钟音列结构完整，编钟架横梁保存完整，上有悬孔14处，与追缴的青铜编钟数量相吻合。这组编钟是武王墩一号墓失而复得的珍贵文物，依稀能够看到2000多年前古代工匠校对音准时留下的痕迹。通过专家调试，这组编钟依然能够奏响《茉莉花》这样的现代乐曲，其音质清脆悦耳。钟身的铭文和纹饰，为研究楚国的音乐文化、礼仪制度提供了宝贵资料。

　　东Ⅰ室还出土了大量植物遗存，由于墓室进水，植物包漂浮于水面，其原有摆放位置已不清楚。通过跨学科、多平台协作，考古专家组系统开展了动植物遗存鉴定、残留物分析工作。考古专家组在植物包内发现了水稻、粟和黍等农作物，推测是用树叶包裹农作物随葬。此外，还有李、梅、栗子、甜瓜子和莲子等瓜果类植物遗存，部分李子还残留果肉，推测果类是以果实的方式随葬。与此同时，考古团队还发现了至少17种动物遗存。其中，家养动物有家猪、狗、羊和黄

李　　　　　　　李核　　　甜瓜子

梅核　　　　　　枣子　　　　　　莲子

武王墩一号墓东 I 室出土植物遗存

牛，野生动物则包括梅花鹿、雁、雉等；还有草鱼、鲤鱼等鱼类。不过，当前所发现的这些动物的头部全都被去除，部分动物的蹄也被去掉，专家推测这可能与当时埋葬的风俗、习惯、制度有关。

在南 I 、Ⅱ室中，出土了漆盒、耳杯、盘、豆、鼓，玉璧、璜、佩以及大量铜箭矢。西 I 、Ⅱ室的遗物以漆木俑为主，同时还发现了木车、乐器和少量遣策类竹简，木俑数量超过 200 个。专家对部分出土漆器开展研究发现，这些漆器使用的漆为大漆，漆绘颜料各有不同，朱红色漆颜料为朱砂，红棕色漆颜料为铁红，黑漆颜料为炭黑，黄彩颜料为雄黄和雌黄的混合物。一些漆器在纹饰处有彩绘描金工艺，有的漆器有铜包边和铜钉装饰，采用汞齐鎏金的工艺。对于采集的纺织品残片，通过分析检测可知其纤维材质为桑蚕丝，部分纺织品的组织结构为平纹经锦，纹样为菱格纹，可见缝线的残留痕迹，推测为服饰的残片。

考古专家组还多次邀请文物保护、古文字学专家、乐器研究专家

漆案

武王墩墓出土漆器

菱格纹平纹经锦

菱格纹

等到现场调研指导，帮助开展文物保护、文字识别等工作。此次武王墩墓的考古发现，无论是在文字与文物的数量、完整性还是内容上，都展现出了独特的地方，显示出战国晚期楚文化的典型特征。

科技考古　多方协作

武王墩墓的考古发掘与保护工作是一项系统工程，需要多方面的专业知识和精细地操作。在文物出土之前，文物保护团队对战国中晚期高等级墓葬出土文物进行了深入地了解和研究，包括包山楚墓二号墓、九连墩一号墓、天星观一号墓等。这些研究为武王墩一号墓出土文物的预判和预案编制提供了宝贵的经验。在此基础上，2023 年 4 月，淮南市政府的大力支持使得一栋 2000 余平方米的考古实验楼得以建成，配备了实验室考古室、有机质文物保护室、低氧灭菌室、纺织品文物保护室、漆器保护室、分析检测室等 11 间现场保护实验室，为武王墩一号墓的考古发掘与保护工作提供了有力保障。

现代科技在考古探测、文物提取、多学科研究和现场保护等方面发挥了巨大作用。例如，武王墩考古综合业务管理平台的建设，采用了地理信息系统、三维扫描等先进技术，实现了考古资料的数字化记录和管理。在探测方面，高密度电阻率法被成功应用于武王墩一号墓的椁室布局探查。这一技术能够穿透土壤，揭示地下结构的细节，为考古团队提供了宝贵的信息。

在考古发掘工作开始后，由国家文物局考古研究中心、北京科技大学、中国丝绸博物馆、荆州文物保护中心等组成的文物保护团队紧

密配合考古发掘工作，顺利完成填土中脆弱遗存的提取、椁盖板上 78 条竹席的提取、400 余根椁盖板提取与存放过程的缓冲加固与保湿防霉，以及出土脆弱漆木器等文物的加固提取与稳定性保护，保障了考古发掘工作的顺利开展和文物安全。多学科研究团队开展了考古测年、木材树种鉴定、椁盖板墨书红外识别、墓葬环境分析、植物遗存整理研究、漆器与纺织品分析研究等研究工作，深入历史的每一个角落，寻找着那些被时间遗忘的线索。

提取纹样

阶段性保护处理后的竹席（长 3.3 米，宽 0.9 米）

通过对武王墩一号墓出土的竹席和椁盖板木材进行碳-14 测定，竹席的年代大约在公元前 400 年至前 232 年，而椁盖板木材的年代则在公元前 416 年至前 382 年。墓葬内的夯土由上至下颜色分别为黄褐色、灰褐色、青灰色。夯土呈厚度在 10—30 厘米之间，内加红砂岩颗粒、青膏泥，青膏泥含量随埋深呈增大趋势。从渗透系数来看，椁室上层夯土质量较高，防渗效果好，这种结构有利于文物的长期保存。在木材鉴定方面，椁盖板木材样品的树种呈现出外层为榉木、内层为梓木的规律。榉木和梓木在战国时期是高等级墓葬中常用的棺椁材料，显示了武王墩一号墓的尊贵地位。

碳-14 测定技术的应用，为武王墩一号墓提供了科学的年代数据，为深入研究墓葬营造问题提供了科学支撑。同时，对椁室盖板用材的树种鉴定，为墓葬营造形制和相关对比研究提供了科学依据。

填土夯层与夯窝局部

在考古技术创新方面，开展多学科研究工作是目前考古领域的一大趋势，将其他学科领域的一些方法融入考古工作中，使之更加贴合实际的需求。以薄荷醇为例，这种原本在干燥环境下用于文物提取的物质，在兵马俑等干燥文物的发掘中得到广泛应用，因为它可以在空气中自然升华，没有任何残留。然而，对于饱水文物来说，薄荷醇的升华却可能导致文物的干燥和开裂。因此，武王墩现场保护团队创新性地在保湿条件下使用酒精溶解薄荷醇，或者用加热的方法使其液化，再用吸油纸去除，这样既保留了文物的原貌，又防止了可能的损伤。

填土发掘结束后，首先暴露出来的是平铺在椁盖板上面的竹席。在提取竹席的过程中，发现传统的提取方法不仅耗时耗力，而且对竹席和盖板都造成了损伤。于是在实践中迅速调整方案，采用加水或PEG（聚乙二醇）软化竹席和盖板之间的结合，使得提取过程变得顺利许多。考古团队先对竹席表面的泥土进行清理，既减轻竹席的重量，又便于加固材料的渗透。基于单根椁盖板宽度及竹席保存状况，经专家论证，采取分条提取，薄荷醇加固的方式，累计提取椁盖板上的竹

采用薄荷醇纱布加固提取脆弱漆耳杯

席 78 条，提取竹席面积超过 200 平方米。潮湿环境大型脆弱文物提取一直是考古工作中的难题，但考古团队通过薄荷醇临时固型技术，不仅成功提取了目前面积最大的古代竹席，更形成了一套竹席现场加固提取、包装运输与室内稳定性保护的技术方法体系。

在椁盖板提取过程中，专家们采用了薄荷醇、石膏绷带、夹板等加固材料，对脆弱、开裂部位进行加固，仿佛为文物披上一层坚固的盔甲。此外，还采用红外相机提取椁盖板上的墨书文字近千个，用具有可逆性的松香酒精溶液对墨书进行封护，避免墨书在椁盖板提取、运输和存放过程中遭受损伤。在椁盖板存放处对木材进行抑菌防霉和

中心椁室第一层盖板提取后

保湿处理，使椁盖板得到安全稳定的保存和保护。对于发掘过程中遇到的脆弱文物和复杂堆积遗迹，采取薄荷醇临时固型、石膏绷带、插板等方法进行提取，在实验室内开展室内精细化清理和稳定性保护，为脆弱文物和遗迹的提取与后续保护提供了安全保障。

通过多学科、多平台协作，运用科学技术提供的新手段新工具，提高武王墩墓的考古工作发现和分析能力，提高了历史文化遗产保护能力。

现场保护　与时赛跑

文物上附着的历史信息，如铭文、图案或残留物，在长时间埋藏后，其物理和化学状态可能非常脆弱，可能因环境变化而迅速消失，不当的处理可能导致损坏。武王墩墓是位于淮河流域的一座大型高等级楚墓，椁室内文物常年浸泡在水中，因此出土文物需要及时进行现场应急保护以确保文物的完整性。

在国家文物局的重视下，考古专家组在考古发掘工作开始之前就根据时代相近墓葬出土文物类型，对武王墩墓出土文物进行预判，在此基础上形成了出土文物现场保护与多学科研究预案，以确保发掘出土后的文物在更短时间内转移到安全的新环境中。现场保护的目标对应工作内容主要包括三个方面：发掘现场微环境控制、脆弱文物和遗迹的安全提取、出土文物的病害清理与环境控制。现场保护工作需要坚持"三原则"，即分类保护、最小干预、可再处理，旨在保障文物在出土的第一时间得到及时有效的处理，并与后续的保护修复工作做好衔接，确保文物的完整性和安全性，防止文物在发掘过程中进一步恶化。

对提取到室内的各类文物，考古人员及时采取了应急保护措施。在提取文物之时，如果时间仓促无法完成清理和清洗工作，那么首先要确保文物处于稳定状态。例如，当铜器出土时，其表面的泥需要用竹刀或者竹签小心收集起来用于进一步做成分分析，同时进行拍照记录。在发掘过程中，遇到不少有盖子的铜器，考古人员会第一时间提取样品，尽快对其进行残留物分析，以此来推断当年铜器内是否有过烹煮或盛装东西的痕迹。对于铜器内的随葬内容物，如果评估后发现保留在里面不够稳定，就会将其整体提取出来，放置在冰柜里，这样既能妥善保存，日后也可以作为博物馆的展品。整个考古工作秉持的宗旨是不轻易改变文物的形状，从而保留更多原始的考古信息，即便当下研究能力有限，这些文物也可以留作未来研究的标本。

对于饱水文物的保护也有特殊要求。饱水文物在提取的时候通常降解程度比较高，这是因为水中的微生物会对文物产生腐蚀，而且文物需要依靠水来支撑其微观结构。如果在空气中不采取保湿措施，一旦其水分快速蒸发，从微观角度来看，文物的细胞就会发生塌陷，在宏观上则表现为开裂、变形。所以对饱水文物的现场保护，保湿是重中之重，文物出土之后要尽量保持湿润，如果具备泡水条件，就要尽快将其泡到水里。但在泡水之前，需要充分观察文物表面的情况，比如是否有描金、彩绘，或者是否沾有纺织品等信息，只有在充分了解这些情况后，对文物进行适当的加固，才可以将其泡入水中，否则漆绘可能会在水中脱落。

在文物清洗与修复环节，程序复杂且精细。现场清洗往往不够彻底，因为泥会钻到文物的孔隙里，所以需要将文物泡在水里，让泥进

铜鼎内猪骨出土状况

一步溶解出来。在此基础上，还需要好几步的清理工作，先是用很软的毛笔刷洗，如果有需要还会再次浸泡到水里，后续根据具体情况添加一些表面活性剂，对顽固的污垢进行深度地清洁。当完成这些清洗步骤后，还会用去离子水把药剂给冲洗掉。彻底清洗完之后，会使用化学药剂去进行填充加固，这种方法相当于用化学药剂去替代水来支撑起木材的孔隙结构，这也是考古团队自己发明的比较成熟且领先的技术。在修复过程中，填充完化学药剂后，需要控制湿度，让文物在空气中缓慢地干燥，在干燥过程中还要进行矫形，矫形结束后还有修

填土内出土木柄铁锸

封土内发现扇面

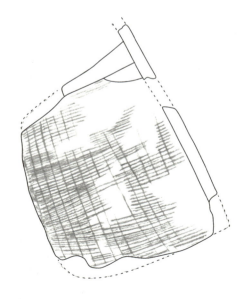

封土内发现扇面图

胎，针对有残破的地方进行修补，最后再对漆进行修复，整个修复流程才算完成。而且，这个修复过程耗时极长，一般小器物的修复得花费一年的时间，大器物的填充加固需一两年。再加上文物数量大，只能分批拿出来处理，其他的就继续泡着，通过评估监测，确定何时可以拿出来进行修复，小件先处理，大件慢慢处理。

木俑的保护则根据其类型有所不同。目前木俑分为两类，一类是身上没有纺织品的，对于这类木俑，把表面污染物适当做一下清洗，之后泡在水里，以备下一步的保护。还有一类是着衣俑，出土后先用保鲜膜进行保湿，将污染物进行适当清理，再用丝蛋白对俑上纺织品进行加固，让纺织品留在木俑上。这充分体现了针对不同材质的文物，现场保护手段存在差异。

在考古现场的环境控制方面，目前武王墩墓一号墓总共是 9 个室，同时在发掘的为 2 个室。四季的温度变化，尤其是夏季的高温天气给文物和考古工作带来了挑战，比如湿坑在夏天会产生臭味，如果一两个月不处理，里面就会干涸，对文物造成损伤。因此需要对椁室的环境进行控制，包括控氧、控温、控湿。为了降温控湿，团队在考古发掘现场搭建了雾化喷淋系统，有效控制椁室内微环境，避免椁板、漆木器等有机质文物因温度升高、水分蒸发而开裂与变形。在控氧方面，开展充氮的方法，将氧气含量从空气中的 21% 降到 10% 左右，通过营造这种低氧环境，减少微生物的滋生，有效降低文物的腐败速度。

木俑

一群与时间赛跑的考古学家，他们不仅用科技的力量解读历史，更用创新的思维保护历史，让我们能够更加直观地感受考古与文物的魅力。

历史探骊　文化寻踪

现已采集整理到墨书文字、漆木器篆刻、青铜礼器铭文，对于研究楚国墓葬营建过程、职官制度、名物称谓等问题意义重大。其中楚

王酓前簠上有"楚王酓前作铸金簠以供岁尝"12字铭文,让墓主身份呼之欲出。结合墓葬规模、结构与文献史料,经综合研讨分析,专家认为武王墩墓出土文物的形制、纹饰、组合等具有战国晚期楚文化的典型特征,从而判断武王墩墓墓主身份可能是《史记·楚世家》记载的楚考烈王。

楚考烈王何许人也?他是楚顷襄王之子熊元,曾是秦国的"人质",后在春申君黄歇的帮助下逃归楚国,继承王位,成为第39任楚王。他的成就,总结起来就是"灭鲁、救赵、抗秦、强楚"。成语典故"毛遂自荐""歃血为盟""窃符救赵"皆与楚考烈王有关,关联着廉颇、毛遂、平原君、信陵君、春申君等人。在战国风云的画卷中,这些历史人物凭借各自的人生经历,塑造出如璀璨星光般的文化经典。

恢宏浩瀚的中国历史上,战国具有极为特殊的地位和意义。文献记载,作为战国七雄之一的楚国持续了800年,时间跨越西周和东周,楚文化是中华传统文化的重要组成部分。武王墩墓见证了楚国最后的余晖,也走过了秦朝实现大一统的前夜,其所处的年代正在封建国家体系趋于解体、大一统国家即将孕育形成的关键时期,对了解中国历史发展进程的重要节点而言具有重要意义。而且,武王墩墓规模巨大、内涵丰富,在墓葬形制、营建工艺、出土文物等方面展现出楚文化的极高成就,为研究楚国东迁江淮以后的社会生活面貌和历史文化图景,提供了系统性的科学考古资料。

翻开厚重的史册,楚国800年岁月,润泽江淮大地达400年之久。如今,随着武王墩墓考古工作的深入推进,那笼罩在历史之上的迷雾,也如同轻纱一般,被一层层缓缓拨开。出土的文物,绝非仅仅是历史的无声见证者,更是一把把神奇的钥匙,向公众生动诉说着这片土地

楚王酓肯乍朱鉴金匜台芹岁分

铜簠铭文（楚王酓前作铸金簠以供岁尝）

上过去的故事。中国考古学的传统，并不单单是简单了解那些失传的、没有记载的历史，更多是要回溯了解人类自身走过的路，这样才能为人类进一步的发展筑牢根基。

　　一处处的考古遗迹，宛如跨越时空的桥梁，沟通着历史与未来，是文脉赓续的生动见证。未来，将有更多先进的科技手段运用于武王墩墓的考古发掘、学术研究、保护修复、开发利用等各个环节。深化对出土文物和墓葬的研究工作，让那些沉默千年的文物"开口说话"，从而将武王墩墓所蕴含的考古价值，以一种更加清晰、更为全面的姿态，展现在世人眼前。

古人的食器

日常生活离不开饮食，古人为此制造了很多食器，就像现代人用的锅碗瓢盆一样，每个都有不同的功能。

镶嵌纹铜敦

鼎：古人用来烹煮或盛贮肉食的器具，也作为祭祀礼器使用。《诗经·周颂·丝衣》："自堂徂基，自羊徂牛。鼐鼎及鼒，兕觥其觩。"

甗：古人用来蒸食的器具，上部为甑，可以盛放食物，下部为鬲，可以煮水。甑和鬲之间有一算，可以让蒸气通过，蒸熟食物。

簋：古人盛放黍、稻、稷、梁等饭食的器具，在商周时期是重要的祭祀礼器。《周礼·地官司徒》："凡祭祀，共簠簋，实之陈之。"

敦：古人盛放黍、稻、稷、梁等饭食的有盖器具，盖可取下放置或使用。盛行于春秋战国时期。

灵偃蹇兮姣服，
芳菲菲兮满堂。
——《九歌·东皇太一》

楚王的『兵马俑』

文 ◎ 厦门大学历史与文化遗产学院副院长　张闻捷

文 ◎ 厦门大学历史与文化遗产学院硕士　易俊龙

用陶、木制成的俑来代替殉人,是中国古代丧葬文化的一次重大进步。根据考古资料,这一现象在春秋、战国时期开始大行其道。孔子讲"始作俑者,其无后乎",便是对用俑殉葬的做法进行了严厉地抨击,但也凸显出这已是当时十分普遍的社会现象了。

目前尚不清楚人形俑究竟起源于何时、何地,但其最巅峰的形态却无疑是秦始皇陵的兵马俑。8000 多个真人大小、栩栩如生的陶俑,带着鲜艳的彩绘,配上战车、战马及各式武器、甲胄等,被严格按照军阵的形式安排在几个不同的土坑内,组成了一支宏伟的土黄色军团,是秦始皇在地下世界最忠实的守护者。

但秦始皇陵兵马俑的巨大规模与宏伟气势也给我们造成了一种错误的印象,似乎只有秦国才会制作规模庞大的俑阵陪葬,并被汉人所继承。而这次武王墩楚王墓的发掘,就为我们带来了一支全新的、来自南方大地的"兵马俑"。

武王墩墓概况

武王墩墓地位于安徽省淮南市三和镇徐洼村,北依舜耕山,向南则为开阔的平地,西侧为南北向的瓦埠湖,瓦埠湖北端西侧为楚都寿春城之所在。1981 年 9 月,武王墩墓被安徽省政府公布为省级文物保护单位。2019 年 11 月，国家文物局批复同意武王墩考古发掘计划，2020 年，列入"考古中国"课题重点项目。

武王墩墓地考古工作由安徽省文物考古研究所主持，与国家文物局考古研究中心、厦门大学、山东大学和淮南市文物考古研究所组成联合考古队。国家文物局成立了考古专家组、文物保护和多学科研究专家组，全程指导发掘工作。

经过数月的前期准备（考古勘探、设施设备、安保、技术、队伍等），2020 年 9 月起，武王墩一号墓发掘工作开始。至 2023 年 11 月，完成封土和填土发掘，12 月提取了椁室上铺设的竹席。期间，建设了一号墓现场保护大棚和文物库房、文物保护实验室、宿舍等必要的配套设施。

根据国家文物局批复的《武王墩一号墓椁室发掘保护工作方案》，自 2024 年 3 月 7 日开始拆解提取椁盖板。至 3 月 27 日，四层椁盖板已全部安全提取完成，共计 443 根，总重约 153 吨。4 月份开始，我们进入椁室发掘的第二阶段，即椁室内部的发掘清理。

通过前期的考古工作，我们对武王墩墓的整体结构有了逐渐清晰的认识。首先，武王墩墓外围设有独立陵园。陵园平面近方形，以周长约 5 千米的围壕为界，面积近 150 万平方米。陵园内发现有车马坑、陪葬墓、祭祀坑等遗迹。车马坑位于武王墩一号墓西侧，南北长约 148 米，东西宽约 14 米，是已发掘探明楚墓车马坑中最长的一座。

其次，武王墩一号墓为武王墩墓主墓，位于陵园中心，是一座带封土的"甲"字形竖穴土坑墓。封土堆整体呈覆斗状，平顶，总面积约 1.2 万平方米。封土土质为五花土，整体营建工艺由夯筑和堆筑相结合。发掘出土有板瓦、筒瓦、铁锸、铁锛、铁矛、扇面、竹筐等遗

物。墓坑为方形，开口边长约 50 米，开口层位距木椁室顶部 15 米。墓坑以东设有斜坡墓道一条，长约 42 米。墓坑四壁有逐级内收的台阶共 21 级，形制规整。填土呈向心倾斜状，层层夯实，夯层厚度 15—30 厘米，每一夯层表面有密集夯窝。发掘出土有铁锸、铁夯头、箭镞等遗物。

墓坑底部边长约 22 米，其中央用巨大枋木构筑出呈"亚"字形、9 室、多重棺椁结构的木椁室。椁顶部覆盖竹席，之下以枋木与薄板依次交替，形成多层封护。中室在第一层枋木之下使用了一套半肩透榫套接的"井"字形框架结构。盖板表面发现大量墨书文字，每块板上的文字内容不一、数量不等，大部分字迹通过红外设备可以清晰辨识。已发现和采集 100 多句、近千字。

随着椁室盖板提取完毕及抽水工作的进展，我们对 9 个分室内的文物的埋藏情况逐渐清晰，尤其是西室两个分室均未受到盗扰，文物埋藏完整，将为我们带来重大的惊喜。

西室木俑阵的发现

至 2024 年 5 月，随着武王墩一号墓的考古发掘持续推进，尘封地下两千多年的楚王"兵马俑"重现人间。

在揭开椁顶盖板之前，通过使用针孔摄像头穿过椁板间的缝隙，深入椁室内部，以观察椁室内器物的保存情况。摄像头显示，椁室内积水颇深，几乎淹没了包括木俑在内的各种器物。一般而言，器物在泡水环境中能保持相对完好的状态。

当揭开西室椁顶盖板时，眼前的景象令人震撼：成堆的人形木俑静静地躺在椁室内，无声地诉说着两千多年前的历史。除了大量的木俑，乐器、车器也一同被发现。由于椁室积水较深，不利于文物的提取工作，考古队随即展开椁室内降水作业。随着积水水位的逐渐下降，楚王"兵马俑"完整地展现在世人面前。这一刻，历史与现实交汇，仿佛昔日"地方五千里，带甲百万"的楚国余晖再次映照在我们眼前。

目之所及之处，西Ⅰ室、西Ⅱ室分别盛放一辆髹饰精美的漆车，其上人俑堆叠。由于千年以来水位涨跌等因素，漆车已经损坏严重，零件散落各处；木俑的位置也已经发生了变动，木俑的头部、躯干、足已经分离。这样的保存情况给文物提取工作带来了极大的挑战。考古工作中的文物提取环节，并不是简单的"捞宝贝"环节。考古发掘是不可逆的过程，一方面要保证文物提取过程中文物不会经受二次损害，另一方面要将考古现场搬到文字、影像中，呈现于世人眼前，将这一刻变为永恒。

因此，在提取文物之前，考古团队便对椁室进行了详细的三维扫描和图像建模工作。结合三维建模生成的正射影像，考古团队在现场能依照器物叠压关系和保存状态，为文物预备"身份证"，制定提取文物方案。在提取文物环节，对于结构性较好，自身很"硬"的文物，如俑首、俑身等，通常只需简单加固处理后就可拿出椁室。而对于结构不稳定，自身很脆弱的文物，如漆车、纺织品、皮革这类的文物，考古队员们就像对待冬天里要出门的小宝贝们一样，要里三层外三层将它们保护到位。以漆车的提取为例，在专家们的指导下，采用液氮使漆车自身变"硬"，随后使用薄荷醇加固漆车结构，并用亚克力板做底部支撑，使得漆车能够被安全地整体提取到实验室进行进一步的清

理工作。

　　初步整理后发现，所有木俑的头部和身体均使用两头尖锐的木钉相连。木俑的制作手法简练大胆，简略得当。木俑首面部表情刻画细腻生动，经过仔细打磨，有些会刻意雕刻头后的发髻，并使用彩绘描绘面部细节。有些木俑的头顶还留有小孔，可能是用来佩戴发冠的。木俑身整体则是大胆砍削成粗线条，均作无臂形象，但在俑身留有安装臂膀的小孔。双足俑在双足底部留有安装木鞋的小孔，应当能与同时发现的木俑鞋搭配。木俑作为当时木雕和彩绘工艺结合的代表，身体部位大小比例协调恰当，表明当时工匠已经具备通过雕塑模型"再造现实"的能力。

　　古时人们"视死如生"，要在地下世界模拟生前的生活场景，因此贵族常常将生前属于自己的物品随葬，包括生前服侍自己的奴婢。直至春秋时期，人殉时有发生。从战国中晚期开始，与北方流行使用陶俑随葬不同，使用木俑殉葬在楚国普遍流行。孟子解释所谓"俑"即"为其象人而用之也"。在随葬品明器化的趋势下，所谓"明器"也称"模型明器"，作为供逝者在"地下世界"使用而专门制作。以西室中随葬的

漆车加固效果图

西室降水后器物堆放情况

漆车为例，车体整体较小，装饰精细，不具备实用性，显然是为了随
葬而特制。同样，木俑不仅雕刻了人的形状，还使用彩绘生动地描绘
了人的面貌细节。然而，作为明器的木俑最高也不过 1 米，虽然尽力
追求逼真，却终究仅能勾勒出人物的微缩剪影。也许经过连年征战，
楚人于死亡中明白生命之可贵，使用木俑代替人殉葬成为主流。

那么，古人要在武王墩一号墓的西Ⅰ室、西Ⅱ室为死去的楚王搭
建怎么样的生活场景？如武王墩一号墓这般为木俑群搭建了如此庞大

双足武士俑身　　　　　　　直立侍从俑身　　　　　　　直立侍从俑身

踞坐乐师俑身　　　　　　　　　西Ⅰ室木剑

独立空间的楚墓前所未见。初步整理后发现，西室共提取超两百余件
木俑，为全国之最。西Ⅰ室和西Ⅱ室的木俑种类有明显区别。其中以
仅见于西Ⅰ室的双足俑和仅见于西Ⅱ室的踞坐俑最具代表性。双足俑
同以往发现的包山二号墓中佩剑武士俑类似，西Ⅰ室通过大量的双足
武士俑和直立侍从俑打造了浩浩荡荡的楚王出行队伍。踞坐俑往往是
乐师形象，西Ⅱ室通过大量的踞坐乐师俑和出土的大量乐器为楚王准
备了庞大的乐舞团队。

出人意料的构思

我们知道，从战国时期开始，楚墓常常会模仿生前的居室结构来

形成一种封闭的分室结构，而且等级越高，分室的数量也就越多。当然，这也极好理解，富裕的权贵们生活会更丰富多彩，需要的各种服务和享受也自然更多。目前我们已经先后发掘了从7室、5室到2室的各类型楚墓，而这次发现的9室楚王墓则首次为我们揭示出楚国最高等级的墓葬结构情况。

但是，出人意料的是，西室的俑阵其实完全超出了我们预先的设想。按照楚墓分室摆放器物的一般规律，西室通常被称为"脚箱"，因为楚墓是严格朝东的，所以西边是墓主脚部所对应的位置。在西室内一般摆放的是各种日常生活用品，包括扇子、梳子、篦子、床、毛巾、帽子、鞋子和席子等，它们的功用主要是支撑墓主人在地下世界的生活之用，也就是包山二号墓遣策里所写的"厢尾之器所以行"，是给大行远去的墓主人生活所准备的。

所以，在发掘之初制定工作计划时，我们都是按照楚王的日常生活用品来推测和安排西室工作的。直到墓坑内水位下降之后、各种木俑逐渐露面，我们才首次意识到，原来楚王也会在墓内安排一支服侍之用的俑阵。

根据我们初步的分析，西室两个分室内的木俑还是有一定区别的。

漆木瑟

　　西Ⅱ室更靠近墓主人，所以身着深衣、以女性为主的各类歌舞俑和乐伎俑居多，并发现了较多的笙、瑟等配套的乐器，相关文字资料也说明其中有很多的"歌者"，就是在乐队演奏时负责歌唱的人。《九歌·东皇太一》中讲："扬枹兮拊鼓，疏缓节兮安歌，陈竽瑟兮浩倡。灵偃蹇兮姣服，芳菲菲兮满堂。五音纷兮繁会，君欣欣兮乐康"，就和我们看到的场景十分类似，包括鼓竽瑟等各类乐器以及身着姣服的安歌之人。尤其是在这些木俑的身上，还保留有各种丝织物的痕迹，说明他们当时都是身着盛装下葬的，其用意无疑与秦始皇陵兵马俑的彩绘是一样的，彰显了王室的尊贵。

　　西Ⅰ室因为更靠外部，所以以各类仪仗俑为主，并配备了一辆精美的安车。这些仪仗俑多配剑，并有一些明显是乘马，所以双腿分开。从宴乐到出行，楚王为自己精心准备了一支浩浩荡荡的"队伍"，虽然不是严格意义上的"兵马俑"，但性质却无疑是类似的，都是为了护佑和服侍墓主人在地下世界的生活。而且有所不同的是，南方地区的俑多用木制，显示了该地区在漆木器制作上的一贯的技术传统，而北方地区则更多选择制作陶俑，这当然是因为其黄土资源更适宜制作结实耐用的器物罢了。

　　显然，武王墩一号墓西室中出土的木俑群有明显的组合为楚王的地下宫殿搭建了特殊场景，充满了世俗化。这样世俗化场景的搭建不仅在当时独具特色，而且对后世如长沙马王堆汉墓、江陵凤凰山汉墓中木俑群的出现产生了深远影响，更是间接影响到汉唐时期随葬陶俑群的出现。武王墩一号墓中的木俑群不仅仅是对楚王个人生活的再现和重构，更是中华文明连续性的一个例证。这些木俑不仅是一个时代生活的模型，更体现了中华民族对于生命与死亡的独特理解。通过对这些珍贵文物的研究，我们可以更加深刻地认识到，中华文明之所以能够历经数千年而不衰，正是因为其内在的文化传承和创新机制，使得古老的传统能够在新的历史条件下得到发展和延续。

|知 识 链 接|

俑

古代曾实行人殉，后用偶人代之，那些用木、石、陶、铜等材料制成的陪葬偶人就是俑，常与材质结合被称为"木俑""石俑""陶俑""铜俑"等。《孟子·梁惠王上》中有言："仲尼曰：'始作俑者，其无后乎？'为其象人而用之也。"

击鼓说唱俑

春秋战国时期楚国常用木俑，如武王墩墓出土木俑；秦代用陶俑、铜俑，如秦始皇陵兵马俑；汉代不仅制俑材料多样，还出现了女仕、乐舞俑等种类，如东汉击鼓说唱俑；隋唐时期，以盛唐三彩俑最为精美；金元时期，俑的制作更加成熟，甚至会给俑搭配舞台场景，使其更加生动、场景化；及至明清时期，多用成群结队的俑组成仪仗，呈现浩浩荡荡的场面。

去终古之所居兮，
今逍遥而来东。
——《九章·哀郢》

从武王墩
探楚国王陵礼制

文◎ 山东大学考古学院考古学系博士
文◎ 山东大学考古学院考古学系教授、博士生导师 路国权
李凤翔

淮南武王墩墓是经科学考古发掘的迄今规模最大、等级最高、结构最复杂的大型楚国高等级墓葬。其墓主是谁，是发掘以来所有人都在关注的问题。楚东迁寿春以后历四王，哀王蚤死、负刍被虏，而幽王墓基本明确为 1933 年惨遭盗掘的李三孤堆楚王墓，因此，武王墩墓墓主若为楚王，则非楚考烈王莫属。目前椁室发掘清理暂告结束，伴随着器物铭文的发现与释读，已经基本可以明确墓主身份为《史记·楚世家》中记载的楚考烈王，由此淮南武王墩墓明确成为第一座经科学考古发掘的楚国王级墓葬。

　　《史记·楚世家》载："（楚考烈王）二十二年，与诸侯共伐秦，不利而去。楚东徙都寿春，命曰郢。二十五年，考烈王卒，子幽王悍立。……十年，幽王卒，同母弟犹代立，是为哀王。哀王立二月余，哀王庶兄负刍之徒袭杀哀王而立负刍为王。……五年，秦将王翦、蒙武遂破楚国，虏楚王负刍，灭楚，为郡云。"

王陵

　　中国考古学诞生百年有余，考古发掘的东周墓葬中，以楚墓数量为最，据不完全统计数量超过 3 万座。在众多考古先辈、同仁的努力下，形成了完备的年代序列、等级体系。不过一直以来楚国王级墓葬的研究受限于考古材料的不足，是楚系墓葬研究中的一大空白。

1. 楚幽王墓

位于安徽省寿县朱家集的李三孤堆大墓曾遭受两次严重盗掘。第一次是1933年地方豪绅以救荒为名组织百余人公然盗掘，挖至墓室，盗走各类文物近千件，精品多入估人手，流落平津沪各地乃至海外，其余大多数为当时安徽省政府提去，抗战期间辗转流离，中华人民共和国成立后，最终有712件入藏安徽省博物院，有了安稳归宿。第二

李三孤堆现状

次是 1938 年桂系军阀李品仙派三个连的人力再次盗掘，盗走之物至今下落不明。由于这些文物是两次盗掘出土，缺乏科学的记录，出土文物的大致数量少则三四千、多则七八千，各说不一。

李三孤堆楚幽王墓是武王墩发掘之前唯一一座明确的楚王墓，一经面世便掀起了楚文化研究的高潮。可惜墓葬被盗掘，现今地面留存一 "甲" 字形水坑，墓葬形制难以复原、棺椁结构皆未可知、器物组合凌乱不堪，迄今为止缺乏系统整理。相较于针对李三孤堆铜器群铭文的丰富且深入的古文字研究成果，考古学角度的研究极其不足且难以开展。

2. 湖北战国楚王墓群

熊家冢墓地位于湖北省荆州市荆州区川店镇张场村、宗北村与当阳市河溶镇星火村交界处，这里分布着许多岗地，熊家冢墓地处在一条南北走向的西山岗上。据调查，在熊家冢墓地周边尚有特大型古冢 13 座，大中型古冢数十座，小型古冢近百座，是东周楚国高等级墓葬集中分布区之一。经过系统考古调查、勘探、发掘，确认墓地由主冢、祔冢、排葬墓、祭祀坑、车马坑、墓上建筑等组成。其规模之巨大、结构之严谨、布局之完善，揭示着该墓极有可能是楚王陵。

八岭山古墓群，位于湖北省荆州市荆州古城西 8 千米的八岭山上，南与长江相望，北与纪山为邻，其延续年代上至东周时期，下至明清，有着一系列的战国时期楚王陵、另有五代南平国及明代藩王陵墓。八岭山古墓群南北长约 8 千米，东西宽约 5 千米，总面积 40 余平方千米。有封土堆古墓 400 余座，其中包括冯家冢、平头冢等目前基本认为是战国时期楚王墓葬的大型封土冢。冯家冢墓地位于湖北省荆州市八岭山一条南北向岗地上，岗地南北最长约 1100 米、东西最宽约 350 米，墓地可能以岗间低洼的冲沟为其兆域边界。2011、2013 年进行过考古勘探，勘探表明，冯家冢墓地由两座大冢、殉葬墓和车马坑等组成。平头冢位于冯家冢墓地北面约 1.4 千米，2011 年荆州博物馆对平头冢墓地进行了考古勘探，基本摸清了它的布局。该墓地由主冢、祔冢、车马坑、祭祀坑、陵园建筑及环壕组成。

纪山楚墓群共有墓地 22 处，多位于自然岗地上，以大薛家洼墓地为最大。大薛家洼墓地位于荆门市沙洋县纪山镇，南距楚郢都纪南城遗址约 13 千米。大薛家洼墓地经过人工磉筑，由主冢、祔冢、矩形台、祭坛、排葬墓和台阶组成，无论是规模还是布局均与熊家冢、冯家冢、平头冢等相类。

枝江青山墓群，面积达 10 余平方千米，共有 27 座大型墓地，分为四大墓区。第二墓区中心为谢家冢，墓地位于问安镇县华寺村四组，西南距枝江市区约 20 千米，东南距当阳季家湖楚城遗址约 6.8 千米，东北

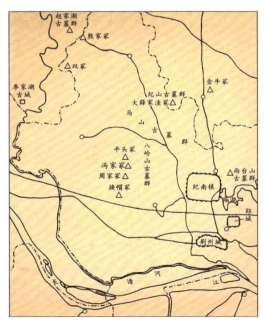

湖北楚王陵分布示意图

距熊家冢墓地约 14 千米。根据 2013 年勘探结果，谢家冢墓地分布在一条南北向岗地上，由主墓、排葬墓、车马坑、祭祀坑等组成。

3. 淮阳马鞍冢南冢与长丰杨公 M11

战国陵墓制度南北有别。目前发现的北方王陵，均发展为多墓道制。首先是洛阳体育场路 C1M10122，墓主推测为周平王，使用四条墓道。目前发现发掘的秦公、秦王陵也是均为多墓道，以秦惠文王称王为界，秦公陵墓均为"中"字形双墓道墓、秦王陵墓均为"亚"字形四墓道墓。晋系诸侯王陵最高则为"中"字形双墓道墓，如邯郸赵王陵，新郑胡庄、许岗等韩王陵，辉县固围魏王陵，平山灵寿中山王陵。与之相反，位于南方的楚国，春秋时期罕见带墓道墓葬，战国时期贵族墓葬虽然普遍使用墓道，但无论等级高低，高至李三孤堆楚王墓、天星观封君墓，低至普通贵族墓，均为一条墓道。在此考古学情

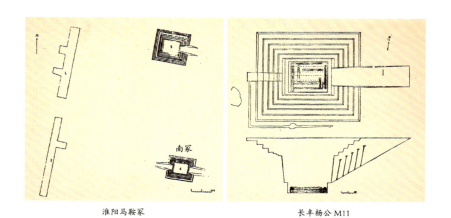

淮阳马鞍冢　　　　　　　　　　长丰杨公 M11

楚国的"中"字形墓葬

境下，却有两座"中"字形双墓道大墓，淮阳马鞍冢南冢与长丰杨公 M11。二墓规模相当，相较于楚王级别明显偏小。在战国末期楚墓中，规模仅次于楚王级别；在楚东国区域的楚墓中，规模同样仅次于楚王级别。因此对于二墓的墓主身份，部分学者有着更高的推测，即淮阳马鞍冢南冢墓主可能为楚顷襄王、长丰杨公 M11 墓主可能为楚哀王。

4. 淮南武王墩墓

2015 年，淮南武王墩墓遭受多次盗掘，公安部门追缴回来一批重要文物。因遭受盗扰，武王墩墓地下的水、气环境发生剧变，不利于文物的保存，因此，2019 年安徽省文物考古研究所申请对武王墩墓进行抢救性考古发掘，获国家文物局批准。伴随着淮南武王墩墓的发掘，

发掘前的淮南武王墩墓封土

其明确成为第一座经科学考古发掘的楚国王级墓葬。围绕着楚国王陵的诸多疑问，或将迎刃而解。

现场

  自 2020 年至今，山东大学作为"安徽淮南武王墩战国墓"考古项目的联合发掘单位之一，参与并承担了考古调查与发掘、资料整理与研究的全过程工作，已经取得了一系列工作成果。山东大学由考古学院路国权教授带队参加"安徽淮南武王墩战国墓"考古项目，先后有近 10 名研究生投身武王墩墓考古项目工作中。现阶段团队由路国权教授与 3 名博士、硕士研究生组成，椁室发掘期间主要负责武王墩一号墓东室（东 I 室、东 II 室）、北室（北 I 室、北 II 室）、中室的清理、提取、记录工作，目前正在进行文物整理、报告撰写与初步研究工作。

  考古工作是一门极其讲究因地制宜的学问，这一点在几个分室的发掘过程中得到了充分体现。进入椁室清理阶段以后，为保证现场发掘资料的准确性与完整性，初定所有器物提取均采用"逐层建模，按图给号，按号提取"的工作原则。

  最先开始器物提取工作的是万众瞩目的东 I 室。彼时的椁室积水尚未抽走，东 I 室表面漂浮有大量植物包，武王墩联合考古队现场商议后认为，应在抽水前提取，遂将积水面三维建模，并编号提取，这是"逐层建模，按图给号，按号提取"的工作原则在武王墩椁室文物提取过程中的首次应用。

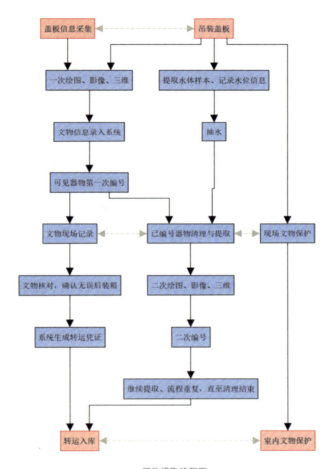

器物提取流程图

伴随着抽水，水位逐渐降低，器物逐渐暴露出水面。抽水过程中，东Ⅰ室文物逐渐暴露，率先露出水面的是几件铜器和一些漆木器。伴随着水位的持续降低，器物暴露越来越多。提取预案中原定计划是积水全部抽走、器物全部暴露后，进行三维建模并编号提取器物。然而，

东Ⅰ室 240326 第1次提取0329.tif

东Ⅰ室 240401 第2次提取0402.tif

东Ⅰ室 240407 第4次提取0418.tif

东Ⅰ室 240419 第5次提取0420.tif

东Ⅰ室 240505 第8次提取0506.tif

东Ⅰ室 240507 第9次提取0508.tif

现场情况让考古队不得不临时改变方案。水位下降 1.5 米后，东Ⅰ室表层文物已经基本暴露。其中位于最上方的几件铜器，包括一套铜鉴钫、铜洗等，叠置于漆木案板上，伴随着水位的继续降低，漆木案板失去了水的承托逐渐吃重，以至于开始发生形变，出于对文物安全的考虑，武王墩联合考古队现场研讨后决定，以两件较为脆弱的漆木案板为基准，先行提取第 1 层文物。此后东Ⅰ室文物提取工作严格按照"逐层建模，按图给号，按号提取"的工作原则，前后共计进行了 11 遍提取流程，共计编号提取各类器物 700 余件（组）。

东Ⅰ室 240402漆案背面器物编号.tif

东Ⅰ室 240403 第3次提取0406.tif

东Ⅰ室 240420 第6次提取0421.tif

东Ⅰ室 240422 第7次提取0505.tif

东Ⅰ室 240508 第10次提取0509.tif

东Ⅰ室 240509 第11次提取0510.tif

武王墩一号墓东Ⅰ室器物编号情况文件缩略图

　　当器物提取工作转移至北Ⅰ室、北Ⅱ室时，情况可以说是天翻地覆。不同于东Ⅰ室未被盗扰，多数器物器型可辨、保存完整，北室惨遭盗掘，现场一片狼藉，椁室中堆积的是大量盗墓贼砍伐椁墙形成的方形木块。将木块提取后，下面堆积的是海量因盗扰活动而破碎的琴瑟类弦乐器的木板。如此情境下，"逐层建模，按图给号，按号提取"的工作原则难以实施，遂临场应变为"大件文物编号后提取，记录考古情境；小件文物提取后编号，现场初步分类"。

　　现场工作进入中室后，情况再次发生变化。中室为棺室，器物摆放在多重棺椁的缝隙之间。如果按照前面分室连续编号方案，则不能够体现中室器物原始摆放位置信息。中室清理伊始，尚不能够准确辨认棺椁结构、棺椁重数，因此以棺椁名称加以命名存在不可行之处。所幸，提取盖板时，按照盖板所属分室、层位、顺序对所有盖板进行过统一编号，如 E I 1-1，便是东 I 室第一层自南向北数第一根盖板，中室亦是如此。最终决定，中室器物编号跟着盖板层位走，后期整理时根据不同层位盖板对棺椁属性加以明确，如 C8：1，即中室自上而下第 8 层盖板表面的一号文物。

器物

　　淮南武王墩一号墓椁室共分 9 室，中室为棺室，4 个边室均被一分为二，形成 8 个器物室。因北室追缴回来的器物均为乐器，且盖板上墨书文字明确书写为"乐府"，所以推测北室随葬器物以乐器为主。而对于其

　　　　　　　　　　北室抽水后情境

余各个分室随葬器物种类，在积水尚在时基本处于一种未知的状态。既往发掘的大中型楚墓可以为武王墩墓发掘工作提供一定参考，但据表1也可见，椁室随葬器物种类并无太过明确的规律。

表 1　东向大型楚墓分室器物随葬情况

墓葬	分室	东室	南室	北室	西室		
					南	中	北
荆门 包山 M2	5	礼容器	乐器、 车马器	杂器	燕器		
信阳 长台关 M1	7	礼乐器	燕器	兵器、 车马器	丧葬器	丧葬器	日用器、 陶礼器
信阳 长台关 M2	7	礼器、 车马器	车马器	乐器	日用器	日用器	丧葬器
信阳 长台关 M7	7	铜鼎、 陶礼器	日用器	乐器	燕器	/	丧葬器
信阳 长台关 M8	7	燕器、 陶礼器	日用器	兵器、 车马器	酒水器	日用器	无
枣阳 九连墩 M1	5	礼容器	兵器、 车马器	乐器	燕器、丧葬器		
枣阳 九连墩 M2	5	礼容器	乐器	乐器、 车马器	燕器、丧葬器		
新蔡 葛陵 M1	5	燕器、 乐器	兵器、 车马器	工具	殉人、玉器		
荆州 望山桥 M1	5	礼容器、 燕器	车马器	日用器	日用器		

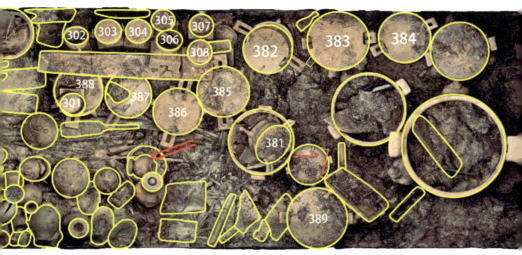

武王墩一号墓东Ⅰ室出土的"九鼎八簋"

　　积水抽走后，各个分室随葬器类基本明确：中室为棺室，有外、中、内三重棺；北室为乐器库，器类包括编钟、编磬、瑟、鼓、竽等；东室为礼容器库，包括大量铜礼器、漆木器、石容器等；南室为车马兵器库，出土大量兵器和实用马器；西室为木俑库，包括仪仗俑、乐舞俑两类，分置两室。

　　目前整理工作仍在进行中，初步统计各类文物数量上万件。其中东Ⅰ室共计出土各类铜器157件（组），包括铜鼎40余件，种类包括立耳折沿鼎（镬鼎）、箍口鼎（镬鼎）、束腰平底鼎（升鼎）、子母口鼎（馈鼎）等，其中箍口鼎与束腰平底鼎为独具楚国特色的鼎类。而彰显墓主王级身份的，无疑是东Ⅰ室铜器组合中的"九鼎八簋"：9件束腰平底升鼎与8件方座簋。

　　列鼎制度在文献中并无明确记载，但仍有蛛丝马迹散见于《左传》

97

《墨子》《逸周书》《战国策》等文献，如夏禹铸九鼎、楚庄王问鼎、秦武王举鼎、秦始皇泗水捞鼎等，似乎均在昭示"九鼎"便是礼制巅峰。而《仪礼》中记载了诸仪节不同等级贵族所使用正鼎的数量（表2）[1]。

表2 《仪礼》中诸仪节正鼎使用数量

用事	身份	鼎数
士冠礼	士	一
士昏礼·同牢	士	三
士昏礼·盥馈	士	一
聘礼·设飧	宾（诸侯）	饪一牢，鼎九（又陪鼎三） 腥一牢，鼎七
聘礼·设飧	上介（卿）	饪一牢，鼎七（又有陪鼎三）
聘礼·设飧	众介（大夫）	五
聘礼·君归饔饩	宾（诸侯）	饪一牢，鼎九（又陪鼎三） 腥二牢，鼎二七（七鼎两套）
聘礼·下大夫归饔饩	上介（卿）	饪一牢，鼎七（又陪鼎三） 腥一牢，鼎七
公食大夫礼	上大夫（卿）	九
公食大夫礼	下大夫（大夫）	七
士丧礼·小敛奠	士	一
士丧礼·大敛奠、朔月奠等	士	三
士丧礼·大遣奠	士	五
士虞礼	士	三
特牲馈食礼	士	三
少牢馈食礼·少牢	大夫	五
少牢馈食礼·有司彻	大夫	三

---

[1] 张闻捷于《周代用鼎制度疏证》一文中系统梳理过，此表改编自文中插表。

　　"列鼎"制度的研究始于 1935 年发掘河南汲县山彪镇 M1。郭宝钧说:"列鼎制度在山彪镇发掘以前，我们是不晓得的。山彪镇五鼎出土后，在整理过程中，感觉到这一组铜鼎的形状、花纹相似，只是尺寸大小，依次递减，恐怕就是古人所谓'列鼎而食'的列鼎吧? ……根据已出土十几组列鼎出土的实例，我们清楚地了解:周自厉宣以降，统治阶级中的一些阔绰者，都爱用三、五、七、九成组的大小相次的列鼎随葬。"由此开启了考古学上用鼎制度的研究历程。在此研究基础上，目前晋系墓葬等级分类多以用鼎数量来划分，如七鼎墓、五鼎墓、三鼎墓等。

　　逐渐融入华夏体系的楚国墓葬，随葬铜鼎亦是如此。通过对数万座楚国墓葬的综合考察，我们可以发现，不同类型的铜鼎在不同等级的墓葬中的使用数量是有规律可循的，如著名的淅川下寺 M2 王子午升鼎，一共 7 件，形制相同、大小相次。然而到了战国时期，尤其是战国晚期，可能受到了楚国国力逐渐衰弱的限制，部分楚国墓葬的用鼎制度显得不那么规范，出现了一些拼凑和替代现象，如枣阳九连墩 M2 中便随葬了 5 件漆木束腰平底升鼎。

　　而楚考烈王，少时为质于秦，归国即位于陈，晚年东迁于寿春，一生可谓颠沛流离。这在他随葬器物上得到了充沛体现。首先是升鼎，一共 9 件，形制不一，并且升鼎腹部爬兽大多脱落;其次是方座簋，宽窄不一，簋上双耳同样多有脱落。东 I 室未被盗扰，发掘现场也未发现脱落的爬兽和簋耳，因此只能是下葬之前便已经脱落。而其形制不一，更是体现了这一套礼器是拼凑而成。《汉书·食货志》中记载:"汉兴，接秦之敝，诸侯并起，民失作业而大饥馑。凡米石五千，人相食，死者过半。……天下既定，民亡盖臧，自天子不能具醇驷，而将或乘牛车。"西汉初年天子出行都找不到同一颜色的四匹马拉车，而战国

末期楚王殡天也找不到同样形制的9件鼎随葬，不由得为800年荆楚而叹息。

墓室

东周时期楚国墓葬墓室布局独具特色。最晚在战国时期，便已经形成了棺椁分室制度：墓室中构筑棺椁，棺室之外，划分为多个椁室，不同椁室数量对应墓主生前身份等级。

武王墩之前，楚墓体系中已经发现了数量不菲的多室墓，并初步形成了等级体系与对应关系，如江陵天星观 M1 为 7 室墓，根据出土简文可以确认墓主为楚国邸阳君番乘，为封君一级；荆门包山 M2 根据出土简文可以确认墓主为左尹邵佗，荆门严仓 M1 根据出土简文可以确认墓主为楚国大司马悼愲，二墓均为 5 室墓，墓主均为大夫一级。

武王墩一号墓东 I 室出土的"九鼎八簋"

　　至于最高等级的 9 室墓，尚无科学考古发现。20 世纪 30 年代惨遭盗掘的李三孤堆楚王墓，根据盗掘者亲历记及相关考古调查，推测为 9 室墓，但一直以来其椁室布局众说纷纭，学界多接受楚王墓为 9 室且为九宫格布局的设想。

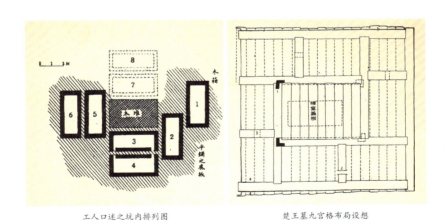

工人口述之坑内排列图　　　　　楚王墓九宫格布局设想

李三孤堆楚王墓椁室布局设想

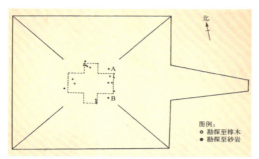

荆州平头冢一号墓考古勘探平面示意图

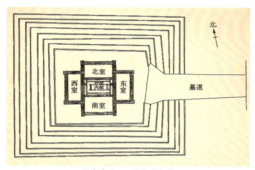

新蔡葛陵 M1 平夜君成墓

随州文峰塔 M18 曾侯丙墓

战国时期"亚"字形椁室布局的楚系墓葬

2019 年第 14 次湘鄂豫皖楚文化年会上，荆州博物馆赵晓斌公布了《荆州八岭山平头冢一号墓考古勘探平面示意图》，该次勘探的荆州八岭山平头冢一号墓疑为一代楚王陵。"从考古勘探平面图中可以看到，如果该椁室的平面为矩形，那么图中 A、B 这两个探孔也应该在椁室范围内。但实际上在这两个探孔中却未发现任何木质，直至距封土顶部深 31.2 米时达到了墓坑底面的砂岩层，可见 A、B 这两个探孔均落在椁室外。据此现象推测该椁室的平面可能不是矩形，而有可能是'亚'字形。"

在此之前，其实已经有发掘出部分战国时期"亚"字形椁室布局的楚系墓葬，如新蔡葛陵 M1 平夜君成墓、随州文峰塔 M18 曾侯丙墓等。种种证据指向，李景聃先生在《寿县楚墓调查报告》中绘制的"排列图"是接近实际的。但是上述墓葬均为 5 室，并不能成为十分确凿的证据。

2023 年底，淮南武王墩墓室填土发掘基本结束，暴露出木椁室开口。暴露伊始，椁室为"亚"字形，但仅有东、西、南、北、中 5 个大的椁室，与传统认知王级大墓 9 室布局相悖。紧张的发掘提取工作并没有容得考古队员多想，伴随着椁室第 1 层盖板全部提取，新的椁室布局揭露出来，情况再次发生变化，东、西、南、北 4 个椁室中间出现了一根横梁，将 4 个边室一分为二。如此则会存在两种可能：一则，中间这横梁实际上是一堵墙，将 4 个边室一分为二，从而形成 8 个小的椁室，如此构成 9 室格局，达到王陵的标准；二则仅仅是横梁。伴随着 4 层盖板全部提取结束，谜底揭晓，9 个分室一览无余。

椁室开口面

提取椁室第一层盖板后

椁室盖板全部提取后

淮南武王墩墓盖板提取与椁室布局

陵园

武王墩墓是有着自己的独立陵园的。2019 年，在确定要对淮南武王墩墓进行抢救性发掘以后，安徽省文物考古研究所组织勘探力量对武王墩主墓及其附近进行了系统性的勘探工作，勘探表明武王墩墓陵园整体几近方形，四周围有壕沟，围壕周长接近 5000 米、壕内面积大约 150 万平方米。主墓位于陵园中心偏北，其西有大型车马坑、大型陪葬墓，其南有大量祭祀坑。

楚国东迁以来的大型墓葬尚未发现独立陵园的使用，幸而湖北省文物考古单位做了相当的工作，可以一窥湖北战国楚王陵陵园结构：

1.大薛家洼墓地[1]。大薛家洼墓地分布在一条大致呈南北走向的岗地上，占地面积约 10 万平方米。1990 年，荆门市博物馆调查纪山楚冢时，对大薛家洼墓地进行了初步调查、勘探。了解到大薛家洼墓地有大小南北冢，南侧为大冢。两冢以北有"陪冢（殉葬墓）"44 个，其中排列有序者 4 排共 40 座。袝冢东侧有台阶状"祭坛"，东西长 66 米、南北宽 25 米，北接陪冢区。2013 年湖北省文物考古研究所对大薛家洼墓地进行了再次勘探，新得知主冢封土为覆斗形，两冢均为"甲"字形大墓。但特殊的是，勘探得知墓口大小与现存封土堆并不相配，南侧"大冢"墓口东西长 14.4 米、南北宽 13.6 米，而北侧"小冢"墓口东西长 34.3 米、南北宽 26.5 米。两冢西侧有南北两座车马坑，南侧一号车马坑南北长 8.1 米、宽 3.6 米、深 2 米，北侧二号车马坑南北

---

[1] 荆门市博物馆：《纪山楚冢调查》，《江汉考古》1992 年第 1 期；湖北省文物考古研究所：《2013年湖北省文物考古研究所考古工作主要收获》，《江汉考古》2014 年第 1 期。

长27.4米、东西宽3.8米。调查勘探人员将其年代初步定为战国中晚期。

2. 熊家冢墓地[1]。自2006年起，荆州博物馆联合湖北省文物考古研究所对熊家冢墓地进行了全面的考古调查、勘验、发掘。熊家冢墓地东南距楚故都纪南城遗址约26千米，距荆州古城约34千米，东距纪山古墓群约14千米，南距八岭山古墓群约20千米，西北距沮漳河及赵家湖古墓群约4.5千米，墓地现存面积约15万平方米。墓地范围内有一大一小两座"甲"字形大墓，南侧为主冢而北侧为祔冢。主冢南侧有殉葬墓92座，4个一排共24排。祔冢北侧又有40座殉葬墓，每列10余座。两冢西侧有车马坑一条，长132.6米，宽11.6—12米。主冢南侧和西侧还分布有共190余座祭祀坑。主冢封土上还建有享堂遗迹。熊家冢的殉葬墓、祭祀坑、车马坑已经过考古试掘，出土大量遗物，简报将熊家冢年代定为战国早期至中期。

3. 冯家冢墓地[2]。自2011年起，荆州博物馆对冯家冢墓地进行了全面的考古调查、勘验、发掘。冯家冢勘探面积达14.25万平方米，同熊家冢一样尚未发现围沟类边界。墓地范围内有一大一小两座"甲"字形大墓，南侧为主冢而北侧为祔冢。两冢北端有"七行冢"东西向10行，每行7座，七行冢以南又有100余座殉葬墓，可分3排。祔冢北侧有24座陪葬墓，东西向共4行，每行6座。两冢西侧有大小两座

[1] 荆州博物馆：《湖北荆州熊家冢墓地2006—2007年发掘简报》，《文物》2009年第4期；荆州博物馆：《湖北荆州熊家冢墓地2008年发掘简报》，《文物》2011年第2期；荆州博物馆：《湖北荆州熊家冢墓地考古发掘简讯》，《江汉考古》2008年第2期。
[2] 荆州博物馆：《湖北荆州八岭山冯家冢楚墓2011—2012年发掘简报》，《文物》2015年第2期；荆州博物馆：《湖北荆州八岭山冯家冢楚墓祭祀坑2013年发掘简报》，《文物》2015年第2期；荆州博物馆：《湖北荆州八岭山冯家冢墓地考古勘探简报》，《文物》2015年第2期；赵晓斌：《荆州市八岭山冯家冢战国墓地》，《中国考古年鉴（2016年）》，中国社会科学出版社，2017年。

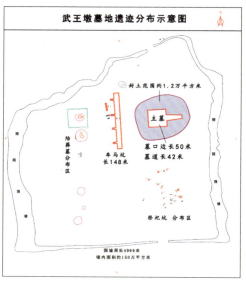

淮南武王墩墓地布局

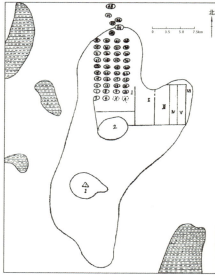

荆门大薛家洼墓地布局

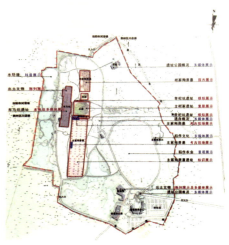

荆州熊家冢墓地布局

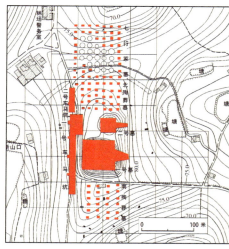

荆州冯家冢墓地布局

战国楚王陵陵园布局

车马坑，南侧为一号车马坑，长约 156 米、宽约 12—14 米，北侧为二号车马坑，长约 48 米、宽约 11 米。祔冢与车马坑之间勘探得零散五花土迹象，发掘者推测为祭祀坑。冯家冢墓地范围内的小型楚墓、祭祀坑已经考古发掘，出土数量可观的遗物，据此简报将冯家冢年代定为战国中期早段。

4. 平头冢墓地[1]。2011 年，荆州博物馆调查勘探了八岭山墓区的平头冢墓地。墓地中部也是一大一小两墓冢南北排列，两冢西侧发现两座大型车马坑，较大的一座长约 138 米、宽约 10.5 米。还发现有 50 余座祭祀坑及陵园外围建筑的迹象。此似乎表明平头冢墓地比熊家冢墓地、冯家冢墓地的时代要晚一些。

5. 谢家冢墓地[2]。2013 年，湖北省文物考古研究所对枝江青山楚墓群谢家冢墓地进行了全面勘探。墓地分布在一条南北向的岗地上，勘探得知，整个墓地由主墓、车马坑、祭祀坑和殉葬墓组成。在主墓的北部发现有东西向并列的两座祭祀坑，西部发现一座车马坑，车马坑西部有一座殉葬墓，主墓南、北部都发现有东西成排、南北成列、排列整齐的殉葬墓，北部有 63 座，南部有 29 座。调查勘探人员将其年代初步定为战国中晚期。

上述位于湖北的楚王陵陵园虽然在形制、规模布局方面有着些微不同，但存在一系列的共同点：

1. 墓地选择都在一条南北向岗地上；

[1] 刘德银、杨开勇：《荆州八岭山平头冢东周墓地》，《中国考古年鉴（2012 年）》，文物出版社，2013 年；高崇文：《楚文化的考古发现与研究》，《中国考古学百年史（1921—2021）》，中国社会科学出版社，2021 年。
[2] 湖北省文物考古研究所：《2013 年湖北省文物考古研究所考古工作主要收获》，《江汉考古》2014 年第 1 期。

2. 一大一小主祔两冢南北并列，主冢居南，墓向朝东；

3. 主祔两冢西侧布置大型车马坑；

4. 主祔两冢南北两侧布置大量排葬墓；

5. 均未发现壕沟类遗存。

淮南武王墩楚王墓与之相比，墓地选址仍在南北向岗地上，墓向朝东，西侧布置大型车马坑，但有一圈围壕构成封闭式独立陵园，陵园内仅有主冢，南北两侧未见排葬墓，而是在陵园内车马坑西侧有大型陪葬墓。综合来看，淮南武王墩楚王墓继承了楚国公族墓葬东向的传统，但陵园的其他因素有着自身的设计逻辑，而其渊源，可能需要从其他地方寻找。考虑到战国末期的秦楚关系，楚顷襄王、楚考烈王父子相继在秦为质，或许其陵园布局是汲取了战国秦王陵的设计因素。

尾声

淮南武王墩墓是楚学研究的一座宝库，其发掘更是先秦礼制文化研究的关键性节点。目前战国王陵研究首推秦国，自西陲陵区一直到秦始皇帝陵，数十组秦公帝王陵的考古调查、勘探、发掘，为秦国王陵制度研究奠定了扎实的材料基础。而楚国王陵研究相对滞后。淮南武王墩墓的成功发掘，将大大推动楚国王陵制度乃至先秦礼制文化的研究。常言"汉承秦制，汉继楚风"，武王墩墓中出土的器物，很多可以视为汉代器物的滥觞，而其礼制内涵，究竟又有多少为汉所承继，这是十分值得期待的。

王子午鼎

束腰平底鼎

楚人称为"升鼎"或"登鼎"，是楚国高级贵族身份地位最重要的象征之一，大夫以下的非王室贵族一般不能使用这样的高规格礼器。立耳，束腰，蹄足，腰部一周有4-6条透雕爬兽装饰。据文献记载，"升"指将镬（煮食物的大盆）中煮好的牲肉用匕盛放到鼎中这一动作，"升鼎"一说可能意在彰显此类鼎的功能，即宗庙中盛放牺牲之器具。出土于河南省淅川县的王子午鼎就是此类型，其鸟篆体铭文"用享孝于我皇祖文考"表明了祭祀的功能。

袅袅兮秋风，
洞庭波兮木叶下。

——《九歌·湘夫人》

淮南的风

文◎王珏

淮南的风，从远处吹来，带着万物萌发的气息，轻轻地抚脸而过，又飘向远方。

北依舜耕山，南为开阔平地，西距楚寿春城遗址约 15 千米，这是位于安徽省淮南市高新区三和镇徐洼村的武王墩墓。武王墩墓是经科学发掘的迄今规模最大、等级最高、结构最复杂的大型楚国高等级墓葬！2024 年 4 月，这则消息的官方发布，打破了当地的平静。

随着武王墩墓考古发掘日渐深入，考古研究成果日益丰富，2000多年前，那段风云变幻的历史，渐渐浮出地表，越来越清晰地展现在世人面前。

武王墩墓的历史，历经坎坷

从安徽淮南驱车不到 2 小时，进入淮南市三和镇徐洼村，武王墩墓就出现在眼前。一路上，当地设立了几道关卡，每道关卡都严格检查。每一道关卡上，人们严谨、认真的态度，都表明着当地对武王墩墓的高度重视。

1981 年 9 月，武王墩墓就被列为安徽省人民政府公布的第一批省级文物保护单位。经考古勘探证实，武王墩墓与其周边分布的车马坑、陪葬墓、祭祀坑、围壕等遗迹一道，共同构成一处战国晚期楚国最高等级陵园。

在武王墩墓旁，全国文物保护单位武王墩的立碑，立在显眼的位置。尽管有武王墩墓保护的标志，但仍然没有挡住盗墓贼疯狂的欲望。

在武王墩墓的历史上，几经盗掘，让地下文物安全面临严峻挑战。2015 年至 2018 年间，武王墩墓连续遭遇了 3 次盗掘。

而这一切，是在偶然间，才被警方发现。

2015 年，徐某听说武王墩墓里面有不少"宝物"，遂与同乡赵某等人携带探针、洛阳铲等盗墓工具进行了长达一个月的持续盗掘，后因被村民发现且资金不足，被迫停止盗掘。（据中国新闻网《武王墩墓被盗往事："摸金校尉"流窜作案，遭同伙举报被抓》报道）

不甘失败的徐某"招兵买马"，找来张某为出资人，夏玉某为现场技术指挥，索某、赵某某、刘永某、夏文某为盗墓人员，淮南当地的孙某负责后勤保障，形成一个集出资、探测、盗掘、运输、倒卖和走私于一体的地下文物犯罪组织。（据中央电视台社会与法治频道《天网·武王墩迷案》报道）

作为该案的重点犯罪嫌疑人之一，夏玉某一般先看风水，大致判断出主墓室、陪葬室、墓坑的位置，再决定从什么位置下探针。据其他犯罪嫌疑人交代，夏玉某只在两个点打下探针，就摸清了墓葬的年代、主墓室方位，以及从什么地方爆破、开封土、打盗洞。

2015 年底，盗墓团伙从武王墩墓北部正上方打洞，进入第一个墓室，盗得第一批文物。一个月后，他们又进入到另一个墓室，盗得第二批文物。

据犯罪嫌疑人供述："当时我们准备上主室，我们从第二室到第三室开始切，但没料到主室到侧室墙壁有两米宽，因为判断失误，口子

开得小了，容不得人进去，（后来）发现里面的主室也塌了。"

疯狂的盗掘行为，造成了主室的塌方。更猖狂的是，为了更好地从盗洞运输，盗墓团伙用电锯将文物截断、分割成小块。这些都给文物和墓室造成了不可逆的破坏。

盗墓团伙从武王墩墓中盗掘出了 70 余件文物。这些文物有 60 余件最终都流向了一个叫刘某园的 80 后"倒爷"。

表面看起来，盗墓似乎"天衣无缝"，被盗文物也顺利出手，然而，一件"案中案"的发生，让这一犯罪行为浮出水面。

因为分赃不均，盗墓团伙中张某心怀不忿，他找了同乡聂某等几名同伙，来到成员孙某家附近，用掏洞的方式，将 4 件珍贵的木质漆器"漆木虎座凤鸟鼓架"从孙某家中盗走。2017 年，聂某等人又找人试图通过拍卖公司寄卖。

2018 年 6 月，淮南市公安局接收到安徽省公安厅转发的一条来自公安部的线索。线索的内容就是河北省侦破的一起文物案件中，抓获了一批犯罪嫌疑人，在案件审讯期间，两名犯罪嫌疑人为了争取从宽处理，主动向警方揭露有一个河南盗墓团伙曾在安徽省淮南市盗掘过古墓的重要信息，并举报"技术骨干"夏玉某。

公安机关顺藤摸瓜，掌握了整个盗墓团队的动向。值得讽刺的是，2018 年 10 月，在警方抓获、监视该团伙期间，该团伙成员提前准备好雷管、炸药等作案工具，并多次实地查看廉颇墓。最终，公安机关在该团伙准备盗掘廉颇墓时，一举收网。

在 2015 年武王墩墓盗墓案中，公安机关共抓获参与盗掘战国楚墓大案的犯罪嫌疑人 29 人，收缴土制炸药 80 斤，雷管 15 根，洛阳铲、探针等盗墓工具若干。此外，追回被盗掘的珍贵文物 77 件，其中国家一级文物 26 件，涉及的"漆木虎座凤鸟鼓架"等漆木器十分罕见。

2016 年，程某及蔡某听说淮南有一历史久远的武王墩墓，起了邪念，联系了多人去淮南。该团伙在武王墩墓中挖掘出一个直径 0.55 米、深度 14 米的洞和一个直径为 0.15 米的探孔，仅差 1 米便到达墓室。天网恢恢，疏而不漏，最终该团伙均被抓获，判处有期徒刑并处罚金。

利益的错综、人性的复杂，在武王墩盗墓案中体现得淋漓尽致。在一次次疯狂被盗墓过程中，盗墓贼没有也不会采取任何保护措施。武王墩墓盗墓案造成了主室塌方，主墓进入了氧气，盗墓贼的抽水机抽了十几个小时，地下水位下降，破坏了平衡。专家呼吁，如果不尽快进行抢救性发掘，墓中的丝织品、漆木器等会遭受毁坏。

2019 年，国家文物局批准安徽省对武王墩墓进行抢救性考古发掘。武王墩墓的考古发掘从 2020 年正式启动，2024 年 3 月开始文物提取。

"饱经风霜"的武王墩墓，迎来了全新阶段。

武王墩墓的发掘，意义重大

2024 年 4 月，当我来到武王墩墓发掘现场，武王墩墓的山体已经被清理完毕。山体之下，武王墩墓被层层保护，四周台阶被整齐地堆放，现场呈现壮观的覆斗状。"覆斗"中央，便是武王墩一号墓。透过隔离，远远看去，一号墓坐西朝东，是座带封土的"甲"字形竖穴土坑墓。

武王墩墓考古领队宫希成说，从顶部看，封土堆整体呈覆斗状，高出地表约 16 米，总面积约 1.2 万平方米。四壁有逐级内收的台阶共

21级，形制规整。用巨大枋木构筑的椁室呈"亚"字形，中心为棺室，四周各有一个边室，整个椁室被分隔为9间，有人戏称其为"八室一厅"。

　　经考古调查、勘探确认，武王墩墓外围设有独立陵园，四周为环壕，周长约5000米，陵园总面积约150万平方米。陵园内发现了车马坑、陪葬墓、祭祀坑等遗迹。

　　两次重要的发布会，进一步揭开武王墩墓的神秘面纱。

　　2024年4月，安徽省淮南市，国家文物局召开"考古中国"重大项目重要进展工作会，聚焦武王墩墓最新考古发现。

墓室上方封土剖面（镜向南）

发布会现场指出，武王墩墓现保存有主墓（一号墓）、墓园、车马坑、陪葬墓、祭祀坑等重要遗迹，整个墓园占地 2100 余亩。2020年至今，考古工作者重点对主墓（一号墓）进行了发掘，确认为一座大型"甲"字形竖穴土坑墓，墓坑中央有枋木构筑的"亚"字形椁室，椁室盖板上发现墨书文字，各个侧室出土文物分别以铜礼器、生活用器、木俑、乐器为主。

此次发布，震惊全国。这是"考古中国"重大项目重要进展工作会继三星堆考古发现后第二次在现场召开发布会。发布会成果将"发现楚国最高等级墓葬"作为主题，足以说明武王墩墓发现的重要意义。

2024 年 5 月，国家文物局再次发布武王墩墓考古发掘重要成果。

椁室考古发掘有序推进。北、西部 4 个侧室（分别编号北Ⅰ室、北Ⅱ室、西Ⅰ室、西Ⅱ室）发掘完毕，东Ⅰ室、南Ⅱ室发掘工作正在进行中，提取各类文物 3000 多件（组），以及大量动植物遗存。北Ⅰ、Ⅱ室被盗扰严重，仍然提取出 600 余件（组）器物，多数为琴瑟等弦乐器，出土的编钟架横梁保存完整，上有悬孔 14 处，与追缴的青铜编钟数量吻合。南Ⅰ、Ⅱ室出土漆盒、耳杯、盘、豆、鼓，玉璧、璜、佩以及大量铜箭矢。西Ⅰ、Ⅱ室遗物以漆木俑为主，还发现木车、乐器和少量遣策类竹简。木俑有 200 多个个体，分立姿、坐姿等不同姿态，部分木俑佩木剑。东Ⅰ室以青铜器为主，目前已提取青铜器 150多件（组），器类有鼎、簠、簋、敦、钫、壶、瓶、豆、鉴、釜、盘、尊缶等，青铜礼器组合保存完整；与青铜器同出的还有百余件案、俎、盒、榻等漆木质饮食、宴享、起居用具。

举世瞩目的墓主人身份，也有了更明确的指向。

发掘至 10 米深

　　2024 年 5 月 14 日，安徽省组织召开专家论证会，邀请中国社会科学院考古研究所、北京大学、武汉大学、中国古迹遗址保护协会等单位专家，深入研究讨论武王墩墓时代、性质与价值内涵。专家认为，武王墩墓出土文物的形制、纹饰、组合等具有战国晚期楚文化的典型特征。结合墓葬规模、结构、出土文字材料与文献史料等综合分析，武王墩墓墓主身份可能是《史记·楚世家》记载的楚考烈王。

　　随着社会对武王墩墓关注度不断提升，当地不断加强对武王墩墓的保护力度。淮南市配合考古工作需要及时启动文物保护用房扩建与墓葬周边环境整治，进一步完善安保措施，重要进出路口设置卡点，发掘区域内安装电子围栏，并配备 30 余名公安干警和安保人

一号墓开口

员 24 小时值班，做到全封闭、无死角管理，确保发掘现场和文物库房安全。

与此同时，2024 年"五一"期间，淮南市博物馆举办了"武王墩发掘进展图片及部分实物临展"，及时向市民介绍武王墩墓考古最新进展。

淮南市文旅局局长程昊介绍，为一体推进武王墩考古发掘和遗址公园建设，淮南市完成了《武王墩考古遗址公园规划》，从可持续的站位推动武王墩保护管理和利用发展。为更好地推动遗址公园建设，淮南市组建了淮南市文物考古研究所，并策划组建武王墩遗址公园运营管理有限公司。为解决武王墩考古遗址公园用地需求，市委市政府积极寻求国家、省相关部门的支持，解决了大部分用地困难，为后续考古发掘与考古遗址公园建设打下坚实的基础。

随着考古发掘的深入，各方形成合力，人们期待着武王墩墓的更多"发现"。

武王墩墓的考古，科技量高

离武王墩墓考古发掘现场 200 余米，是一栋 2000 余平方米的考古实验楼。窗明几净的考古实验楼里，低氧灭菌室、有机质文物保护室、分析检测室等次第排列。一个个透明玻璃门的实验室内，工作人员紧张地忙碌着。文物出水提取后，迅速进入实验室房间，分门别类进行保护、研究。

自 2020 年武王墩墓考古发掘工作正式启动后，安徽省文物考古研究所、国家文物局考古研究中心、山东大学、厦门大学组成的考古队陆续赶赴发掘现场，由国家文物局考古研究中心、北京科技大学、中国丝绸博物馆、荆州市文物保护中心等组成文物保护团队，完成武王墩出土文物现场保护"国家队"和"地方队"的联合集结。与此同时，主墓保护大棚、文物库房、考古实验室等一系列考古发掘配套设施建设完成。

在考古发掘工作开始之前，根据时代相近墓葬出土文物类型，考古团队对武王墩一号墓出土文物进行预判，在此基础上形成了出土文物现场保护与多学科研究预案。

一个最大的问题很快摆到了所有人眼前。因为椁室内文物常年浸泡在水中，水面以上的椁盖板和竹席也处于饱水状态，如何对出土文物进行及时应急保护？

"武王墩考古发掘和三星堆很不一样，三星堆考古发掘处在相对稳定的环境中，可以慢慢提取，但是武王墩不行。"中国科学技术大学教授龚德才说，"武王墩长期浸泡在水中，一旦脱离饱水环境，与氧气直接接触，木俑、漆器等文物很快就会卷曲、翘边、变色，甚至大幅度收缩变形。我们需要在尽可能保留最大文物信息的同时，尽快提取文物，尽快送到考古实验室。"

如同急诊室医生抢救危重病人，面对武王墩，争分夺秒，分秒必争，是现场考古队员的共识。

墓坑为方形，墓坑以东设有斜坡墓道一条，墓坑四壁有逐级内收的台阶共21级。层层夯实的填土之下，一个9室的椁出现在考古队员面前。巨大的竹席覆盖在椁盖板上，竹席之下，枋木与薄板依次交替，形成多层防护。利用高密度电阻率法，武王墩一号墓的布局渐渐清晰。

木椁室采用"亚"字形结构，椁内总分室 9 间，这是目前国内首次见到的、结构清晰明确的 9 室楚墓。

覆盖在椁盖板上的竹席，迅速进入了考古队的保护范畴。厦门大学历史与文化遗产学院副院长张闻捷回忆，填土发掘完成后，首先映

墓道上方封土版筑痕迹

一号墓台阶局部

入眼帘的是椁盖板上铺设的竹席。"尽管已经过去了两千多年，一些区域的竹席还能够呈现黄色色泽。"

千年的地下生活，使得大部分竹席变得脆弱不堪，出现腐朽、残缺、开裂等问题。

台阶表面铺设
草席遗存

一号墓西室
竹席揭取前

一号墓椁室顶部竹席局部

　　怎样安全高效地对竹席进行临时加固和紧急保护？薄荷醇临时固型技术提供了解决方案。这项由上海大学教授罗宏杰团队发明、我国拥有自主知识产权的开创性成果，在国际上具有首创性。薄荷醇可以对脆弱文物进行一定的预加固，保障文物安全地转移到实验室。"而且这种材料在空气中自然挥发后没有残留。"武王墩考古项目实验室负责人张治国说。

　　然而，新的问题接踵而来。武王墩墓葬各类文物处于潮湿环境，竹席进入实验室后，如果任由薄荷醇自然挥发，竹席中的水分也会快速蒸发从而导致饱水竹席出现起翘和开裂问题。经过反复实验，张治国发现，通过加入酒精、加热等方法，可以有效去除薄荷醇，又能确保竹席处于饱水状态，既保证了文物安全，又便于后续开展污染物清理、脱铁、加固、干燥定型等一系列保护处理。

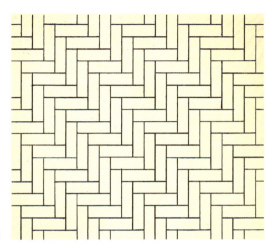

椁室顶部竹席编织示意图

　　这项目前国内外开展的面积最大的古代竹席提取工作，很快取得了成效。考古队采取分条提取的方式，提取最长竹席约 7.5 米，总面积超过 200 平方米，形成了一套竹席现场加固提取、包装运输与室内稳定性保护的技术方法体系。

　　文字，是历史最神秘的符号，见证了时光的变迁，隐晦地讲述着两千多年前楚国大地的古老故事和瑰丽传说。然而，文字的发现，却并没有想象中那么轻而易举。

　　红外摄像技术，能够将隐藏在黑色椁盖板上的文字清晰揭示出来。"第一块椁盖板发掘出来之后，我们对文字的出现满怀期待。然而，将其反反复复地清理、检查，结果没有找到文字，当时还是有些失望的。"张治国坦言，"后来发掘中室的时候，由于中室部分木材颜色较浅，可以在椁盖板上看到少量墨书文字，于是我们赶紧调了红外相机过来，把之前出土的椁盖板重新扫描了一遍，事实证明，大部分都是有字的。

这样先抑后扬的文字发现历程，反而使大家更加激动了。"

令张治国兴奋的是，已在武王墩一号墓椁室盖板上发现和采集墨书文字 100 多句、近千字，是典型的楚系文字。结合文字内容和考古情境判断，其内容记录有中椁盖板放置方位和排序、椁室功能分区等内容，

北中乐府割（盖）　北乐府割（盖）　东大赴府割（盖）　南集府割（盖）
十二　　　　　　　十四　　　　　　　十四　　　　　　　十三

对研究楚国墓葬营建过程、职官制度、名物称谓等问题具有重要意义。

椁盖板保护，具有重要意义。张治国说，随着椁盖板的逐渐暴露，通过喷水、PEG400和覆盖塑料膜、无纺布等措施，使椁盖板处于饱水状态，减少因水分快速蒸发导致椁盖板的开裂与变形。"在椁盖板提取过程中，通过薄荷醇、石膏绷带、夹板等加固材料，对脆弱、开裂部位进行加固，采用珍珠棉、气泡膜等对受力部位进行缓冲支护，减少吊运过程中的文物损伤，保障考古发掘和研究顺利开展。"

而对于椁盖板的墨书文字，张治国更是处理得尤为仔细。"我们采用具有可逆性的松香酒精溶液对墨书进行封护，避免墨书在椁盖板提取、运输和存放过程中遭受损伤。"张治国说。椁盖板文物运到存放地点后，对木材及时进行抑菌防霉和保湿处理，并监测霉菌滋生和椁盖板饱水情况，使椁盖板得到安全稳定的保存和保护。

"无物不髹漆"，春秋战国时期，楚国已经形成了极高的漆木器制作工艺。此次出土的众多漆木器，包括木俑，漆器、镇墓兽等，正静静地躺在离考古发掘现场不远的考古实验室内。一件件花纹绚丽、制作精良的漆器，

南杍（梓）柄割（盖）十

被浸泡在水中。"这是去离子水。给文物泡去离子水，就如同给人泡澡，能起到清洁效果。"张治国说。

"漆木器的现场保护流程，主要包括样品痕迹信息采集和清洗处理。"张治国向记者生动再现了文物现场保护过程，"清洗过程主要是用去离子水浸泡，将杂质软化浸泡出来，再配合软毛笔进行缝隙间的深度清洁，必要时适当加入少量表面活性剂进行清洗。如漆木器表面有描金、描铅等工艺，根据彩绘保存状况，可先进行适当加固后再入水浸泡。"

"清洗完后将文物进行脱水处理，即将其浸泡在特质的化学药水中，让药水'融'入文物内部，代替水分支撑起木材的孔隙结构。"龚德才说，这一套"诊疗疗程"为我国独创的乙二醛法，从马王堆到曾侯乙墓，从定陶汉墓到如今的武王墩墓，数以万计的漆木器在这套"疗程"下挽生命于狂澜，焕发出崭新的生命力。

通过对部分出土漆器开展的分析研究显示，武王墩一号墓出土漆器使用的漆为中国大漆，漆绘颜料有所不同，朱红色漆颜料为朱砂，红棕色漆颜料为铁红，黑漆颜料为炭黑，黄彩颜料为雌黄和雄黄的混合物，一些漆器在纹饰处有彩绘描金工艺。

木俑

漆盘局部

鎏金虎首铜钩

当青铜编钟敲响千年前的铮铮尾音，当身着曲裾的舞女随着鼓点、琴音翩翩起舞……2000多年后，一支沉睡地底的楚国"乐队"被重新唤醒。当考古队员把乐俑从椁室的"泥"堆里提取出来的时候，其身上附着的衣物丝织品也被同时提取。中国丝绸博物馆副馆长周旸介绍，丝绸是有机质，很难保存。有些出土的丝绸，呈现馄饨皮一样的状态。但"馄饨皮"中，包含着大量的丝绸遗存和文物信息。

文物行业里有句行话，湿千年，干万年，不干不湿就半年。"对于丝织品保护而言，从饱水环境到干燥环境的处理，可以说是生死攸关。"周旸说。由中国丝绸博物馆组成的文保团队，负责对武王墩墓的出土丝绸进行紧急抢救。丝织品保护需要保湿，但过大的水流又会改变"着衣俑"身上纺织品的状态。面对两难，周旸选择了喷水保湿加保鲜膜覆盖。为增加丝织品的强度，文保人员采用丝蛋白加固的方法，从分子层面"穿针引线"，将丝绸破损的地方"缝补拼接"起来。"由于丝蛋白与丝织品同为蛋白质，这种同源加固的方法可以避免后续加固材料的降解对文物本身的破坏，这也是我们独创的方法。"周旸说。

在现场发掘过程中，张治国还记录下了这样一个关键时刻。"揭开椁盖板之后下面全是水，但是东Ⅰ室水面上漂浮着几十个大小不一的植物包。将其打捞上来后，经初步分析，含有李子、梅子、栗子、甜瓜子、莲子等瓜果植物遗存和水稻、粟、黍等农作物，初步判定墓主人的下葬时期应该是在夏季或秋季植物成熟的时节。现在，这些植物包正被封存在塑料薄膜里，暂存于考古实验室的低氧灭菌库房，等待分批整理研究。"张治国说。

动植物考古是现代考古业的重要板块，也是当代考古学多学科交叉融合特点的集中体现。通过动植物成分分析、蛋白质分析、骨龄检

武王墩一号墓
东 I 室出土植物包

考古工作人员提取脆弱文物

测等手段，考古人员可以精准定位文物年份和身份信息，为这些年迈的"地下居民们"分发"身份证"。

谷雨已过，立夏将至。随着天气一天天变热，墓室的环境将发生极大的变化。这对现场的文物和考古队员来说，都是一项极为严峻的考验。

为了给尚待提取的文物创造相对稳定的环境，项目组正在筹备建设墓室的"三控系统"。张治国解释，"三控"即控温、控湿、控氧。"我

吊装椁顶盖板

们即将开展雾化喷淋系统的建设，极大减轻工作人员人工增湿的工作量，通过定期喷淋冰水混合物，不仅可以降低室内的温度，而且也能有效增加其湿度；通过向椁室充填氮气，可以将椁室内空气的氧气含量降低50%，有效延缓文物的氧化速率。通过控制考古现场环境，我们尽可能保留更多的原始信息，也为考古发掘工作赢得宝贵的时间。"张治国说。

在考古发掘过程中，通过多学科、多平台协作，运用科学技术提供的新手段新工具，提高了武王墩一号墓的考古工作发现和分析能力，增强了历史文化遗产保护能力。

附 录

楚共王十六年
（公元前 575 年）
晋楚鄢陵之战

楚庄王八年（公元前 606 年）
观兵周郊
问鼎中原
成为"春秋五霸"之一

楚成王十六年
（公元前 656 年）
齐桓公率诸侯侵楚
齐楚结盟于召陵

楚庄王十七年
（公元前 597 年）
晋楚邲之战

楚成王四十年
（公元前 632 年）
晋楚城濮之战

楚武王五十一年
（公元前 690 年）伐隨

楚昭王十年（公元前 506 年）
吴军入郢
昭王奔随

楚悼王任用吴起
变法图强
国力大盛

楚怀王三十年
（公元前 299 年）
楚怀王入秦
被秦扣留

楚考烈王二十二年
（公元前 241 年）
迁都寿春

楚威王七年
（公元前 333 年）
徐州之战
楚国疆域扩大

楚顷襄王二十一年
（公元前 278 年）
秦将白起破郢
迁都淮阳

楚国大事记

公元前 704 年
熊通自立为"武王"

周成王将熊绎分封至楚地
楚立国

西周中期
周昭王两次伐楚

商末
鬻熊投奔周文王
担任"师"的职位

楚王负刍五年
（公元前 223 年）
秦灭楚

溯源楚国

《史记·楚世家》

楚之先祖出自帝颛顼高阳。高阳者，黄帝之孙，昌意之子也。高阳生称，称生卷章，卷章生重黎。重黎为帝喾高辛居火正，甚有功，能光融天下，帝喾命曰祝融。共工氏作乱，帝喾使重黎诛之而不尽。帝乃以庚寅日诛重黎，而以其弟吴回为重黎后，复居火正，为祝融。

吴回生陆终。陆终生子六人，坼剖而产焉。其长一曰昆吾；二曰参胡；三曰彭祖；四曰会人；五曰曹姓；六曰季连，芈姓，楚其后也。昆吾氏，夏之时尝为侯伯，桀之时汤灭之。彭祖氏，殷之时尝为侯伯，殷之末世灭彭祖氏。季连生附沮，附沮生穴熊。其后中微，或在中国，或在蛮夷，弗能纪其世。

周文王之时，季连之苗裔曰鬻熊。鬻熊子事文王，蚤卒。其子曰熊丽。熊丽生熊狂，熊狂生熊绎。熊绎当周成王之时，举文、武勤劳之后嗣，而封熊绎于楚蛮，封以子、男之田，姓芈氏，居丹阳。楚子熊绎与鲁公伯禽、卫康叔子牟、晋侯燮、齐太公子吕伋俱事成王。

熊绎生熊艾，熊艾生熊䵣，熊䵣生熊胜。熊胜以弟熊杨为后。熊杨生熊渠。熊渠生子三年。当周夷王之时，王室微，诸侯或不朝，相伐。熊渠甚得江、汉间民和，乃兴兵伐庸、杨粤，至于鄂。熊渠曰："我蛮夷也，不与中国之号谥。"乃立其长子康为句亶王，中子红为鄂王，少子执疵为越章王，皆在江上楚蛮之地。及周厉王之时，暴虐，熊渠畏其伐楚，亦去其王。

后为熊毋康，毋康蚤死。熊渠卒，子熊挚红立。挚红卒，其弟弑而代立，曰熊延。熊延生熊勇。熊勇六年，而周人作乱，攻厉王，厉王出奔彘。熊勇十年，卒，弟熊严为后。熊严十年，卒。有子四人，长子伯霜，中子仲雪，次子叔堪，少子季徇。熊严卒，长子伯霜代立，是为熊霜。

熊霜元年，周宣王初立。熊霜六年，卒，三弟争立。仲雪死；叔堪亡，避难于濮；而少弟季徇立，是为熊徇。熊徇十六年，郑桓公初封于郑。二十二年，熊徇卒，子熊咢立。熊咢九年，卒，子熊仪立，是为若敖。

若敖二十年，周幽王为犬戎所弑，周东徙，而秦襄公始列为诸侯。二十七年，若敖卒，子熊坎立，是为霄敖。霄敖六年，卒，子熊眴立，是为蚡冒。蚡冒十三年，晋始乱，以曲沃之故。蚡冒十七年，卒。蚡冒弟熊通弑蚡冒子而代立，是为楚武王。

武王十七年，晋之曲沃庄伯弑主国晋孝侯。十九年，郑伯弟段作乱。二十一年，郑侵天子之田。二十三年，卫弑其君桓公。二十九年，鲁弑其君隐公。三十一年，宋太宰华督弑其君殇公。

三十五年，楚伐随。随曰："我无罪。"楚曰："我蛮夷也。今诸侯皆为叛相侵，或相杀。我有敝甲，欲以观中国之政，请王室尊吾号。"随人为之周，请尊楚，王室不听，还报楚。三十七年，楚熊通怒曰："吾先鬻熊，文王之师也，蚤终。成王举我先公，乃以子男田令居楚，蛮夷皆率服，而王不加位，我自尊耳。"乃自立，为武王，与随人盟而去。于是始开濮地而有之。五十一年，周召随侯，数以立楚为王。楚怒，以随背己，伐随。武王卒师中而兵罢。子文王熊赀立，始都郢。

文王二年，伐申过邓，邓人曰"楚王易取"，邓侯不许也。六年，伐蔡，虏蔡哀侯以归，已而释之。楚强，陵江汉间小国，小国皆畏之。十一年，齐桓公始霸，楚亦始大。

十二年，伐邓，灭之。十三年，卒，子熊艰立，是为庄敖。庄敖五年，欲杀其弟熊恽，恽奔随，与随袭弑庄敖代立，是为成王。

成王恽元年，初即位，布德施惠，结旧好于诸侯。使人献天子，天子赐胙，曰："镇尔南方夷越之乱，无侵中国。"于是楚地千里。

十六年，齐桓公以兵侵楚，至陉山。楚成王使将军屈完以兵御之，与桓公盟。桓公数以周之赋不入王室，楚许之，乃去。十八年，成王以兵北伐许，许君肉袒谢，乃释之。二十二年，伐黄。二十六年，灭英。三十三年，宋襄公欲为盟会，召楚。楚王怒曰："召我，我将好往袭辱之。"遂行，至盂，遂执辱宋公，已而归之。三十四年，郑文公南朝楚。楚成王北伐宋，败之泓，射伤宋襄公，襄公遂病创死。三十五年，晋公子重耳过楚，成王以诸侯客礼飨，而厚送之于秦。三十九年，鲁僖公来请兵以伐齐，楚使申侯将兵伐齐，取榖，置齐桓公子雍焉。齐桓公七子皆奔楚，楚尽以为上大夫。灭夔，夔不祀祝融、鬻熊故也。

夏，伐宋，宋告急于晋，晋救宋，成王罢归。将军子玉请战，成王曰："重耳亡居外久，卒得反国，天之所开，不可当。"子玉固请，乃与之少师而去。晋果败子玉于城濮。成王怒，诛子玉。

四十六年，初，成王将以商臣为太子，语令尹子上。子上曰："君之齿未也，而又多内宠，绌乃乱也。楚国之举常在少者。且商臣蜂目而豺声，忍人也，不可立也。"王不听，立之。后又欲立子职而绌太子商臣。商臣闻而未审也，告其傅潘崇曰："何以得其实？"崇曰："飨王之宠姬江芈而勿敬也。"商臣从之。江芈怒曰："宜乎王之欲杀若而立职也。"商臣告潘崇曰："信矣。"崇曰："能事之乎？"曰："不能。""能亡去乎？"曰："不能。""能行大事乎？"曰："能。"冬十月，商臣以宫卫兵围成王。成王请食熊蹯而死，不听。丁未，成王自绞杀。商臣代立，是为穆王。穆王立，以其太子宫予潘崇，使为太师，掌国事。穆王三年，灭江。四年，灭六、蓼。六、蓼，皋陶之后。八年，伐陈。十二年，卒。子庄王侣立。

庄王即位三年，不出号令，日夜为乐，令国中曰："有敢谏者死无赦！"

伍举入谏。庄王左抱郑姬，右抱越女，坐钟鼓之间。伍举曰："愿有进。隐曰：有鸟在于阜，三年不蜚不鸣，是何鸟也？"庄王曰："三年不蜚，蜚将冲天；三年不鸣，鸣将惊人。举退矣，吾知之矣。"居数月，淫益甚。大夫苏从乃入谏。王曰："若不闻令乎？"对曰："杀身以明君，臣之愿也。"于是乃罢淫乐，听政，所诛者数百人，所进者数百人，任伍举、苏从以政，国人大说。是岁灭庸。六年，伐宋，获五百乘。

八年，伐陆浑戎，遂至洛，观兵于周郊。周定王使王孙满劳楚王。楚王问鼎小大轻重，对曰："在德不在鼎。"庄王曰："子无阻九鼎！楚国折钩之喙，足以为九鼎。"王孙满曰："呜呼！君王其忘之乎？昔虞夏之盛，远方皆至，贡金九牧，铸鼎象物，百物而为之备，使民知神奸。桀有乱德，鼎迁于殷，载祀六百。殷纣暴虐，鼎迁于周。德之休明，虽小必重；其奸回昏乱，虽大必轻。昔成王定鼎于郏鄏，卜世三十，卜年七百，天所命也。周德虽衰，天命未改。鼎之轻重，未可问也。"楚王乃归。

九年，相若敖氏。人或谗之王，恐诛，反攻王，王击灭若敖氏之族。十三年，灭舒。十六年，伐陈，杀夏徵舒。徵舒弑其君，故诛之也。已破陈，即县之。群臣皆贺，申叔时使齐来，不贺。王问，对曰："鄙语曰，牵牛径人田，田主取其牛。径者则不直矣，取之牛不亦甚乎？且王以陈之乱而率诸侯伐之，以义伐之而贪其县，亦何以复令于天下！"庄王乃复国陈后。

十七年春，楚庄王围郑，三月克之。入自皇门，郑伯肉袒牵羊以逆，曰："孤不天，不能事君，君用怀怒，以及敝邑，孤之罪也。敢不惟命是听！宾之南海，若以臣妾赐诸侯，亦惟命是听。若君不忘厉、宣、桓、武，不绝其社稷，使改事君，孤之愿也，非所敢望也。敢布腹心。"楚群臣曰："王勿许。"庄王曰："其君能下人，必能信用其民，庸可绝乎！"庄王自手旗，左右麾军，引兵去三十里而舍，遂许之平。潘尪入盟，子良出质。夏六月，晋救郑，与楚战，大败晋师河上，遂至衡雍而归。

二十年，围宋，以杀楚使也。围宋五月，城中食尽，易子而食，析骨而炊。宋华元出告以情。庄王曰："君子哉！"遂罢兵去。二十三年，庄王卒，

子共王审立。

共王十六年，晋伐郑。郑告急，共王救郑。与晋兵战鄢陵，晋败楚，射中共王目。共王召将军子反。子反嗜酒，从者竖阳榖进酒，醉。王怒，射杀子反，遂罢兵归。

三十一年，共王卒，子康王招立。康王立十五年卒，子员立，是为郏敖。

康王宠弟公子围、子比、子皙、弃疾。郏敖三年，以其季父康王弟公子围为令尹，主兵事。四年，围使郑，道闻王疾而还。十二月己酉，围入问王疾，绞而弑之，遂杀其子莫及平夏。使使赴于郑。伍举问曰："谁为后？"对曰："寡大夫围。"伍举更曰："共王之子围为长。"子比奔晋，而围立，是为灵王。

灵王三年六月，楚使告晋，欲会诸侯。诸侯皆会楚于申。伍举曰："昔夏启有钧台之飨，商汤有景亳之命，周武王有盟津之誓，成王有岐阳之蒐，康王有丰宫之朝，穆王有涂山之会，齐桓有召陵之师，晋文有践土之盟，君其何用？"灵王曰："用桓公。"时郑子产在焉。于是晋、宋、鲁、卫不往。灵王已盟，有骄色。伍举曰："桀为有仍之会，有缗叛之。纣为黎山之会，东夷叛之。幽王为太室之盟，戎、翟叛之。君其慎终！"

七月，楚以诸侯兵伐吴，围朱方。八月，克之，囚庆封，灭其族。以封徇，曰："无效齐庆封弑其君而弱其孤，以盟诸大夫！"封反曰："莫如楚共王庶子围弑其君兄之子员而代之立！"于是灵王使疾杀之。

七年，就章华台，下令内亡人实之。八年，使公子弃疾将兵灭陈。十年，召蔡侯，醉而杀之。使弃疾定蔡，因为陈蔡公。

十一年，伐徐以恐吴。灵王次于乾溪以待之。王曰："齐、晋、鲁、卫，其封皆受宝器，我独不。今吾使使周求鼎以为分，其予我乎？"析父对曰："其予君王哉！昔我先王熊绎辟在荆山，荜露蓝蒌以处草莽，跋涉山林以事天子，唯是桃弧棘矢以共王事。齐，王舅也；晋及鲁、卫，王母弟也：楚是以无分而彼皆有。周今与四国服事君王，将惟命是从，岂敢爱鼎？"灵王曰："昔我皇祖伯父昆吾旧许是宅，今郑人贪其田，不我予，今我求之，其予我乎？"对曰："周不爱鼎，郑安敢爱田？"灵王曰："昔诸侯远我而畏晋，今吾大城陈、蔡、不羹，赋皆千乘，诸侯畏我乎？"对曰："畏哉！"灵王喜曰："析父善言古事焉。"

十二年春，楚灵王乐乾溪，不能去也。国人苦役。初，灵王会兵于申，僇越大夫常寿过，杀蔡大夫观起。起子从亡在吴，乃劝吴王伐楚，为间越大夫常寿过而作乱，为吴间。使矫公子弃疾命召公子比于晋，至蔡，与吴、越兵欲袭蔡。令公子比见弃疾，与盟于邓。遂入杀灵王太子禄，立子比为王，公子子皙为令尹，弃疾为司马。先除王宫，观从从师于乾溪，令楚众曰："国有王矣。先归，复爵邑田室。后者迁之。"楚众皆溃，去灵王而归。

灵王闻太子禄之死也，自投车下，而曰："人之爱子亦如是乎？"侍者曰："甚是。"王曰："余杀人之子多矣，能无及此乎？"右尹曰："请待于郊以听国人。"王曰："众怒不可犯。"曰："且入大县而乞师于诸侯。"王曰："皆叛矣。"又曰："且奔诸侯以听大国之虑。"王曰："大福不再，只取辱耳。"于是王乘舟将欲入鄢。右尹度王不用其计，惧俱死，亦去王亡。

灵王于是独傍偟山中，野人莫敢入王。王行遇其故锅人，谓曰："为我求食，我已不食三日矣。"锅人曰："新王下法，有敢饷王从王者，罪及三族，且又无所得食。"王因枕其股而卧。锅人又以土自代，逃去。王觉而弗见，遂饥弗能起。芋尹申无宇之子申亥曰："吾父再犯王命，王弗诛，恩孰大焉！"乃求王，遇王饥于釐泽，奉之以归。夏五月癸丑，王死申亥家，申亥以二女从死，并葬之。

是时楚国虽已立比为王，畏灵王复来，又不闻灵王死，故观从谓初王比曰："不杀弃疾，虽得国犹受祸。"王曰："余不忍。"从曰："人将忍王。"王不听，乃去。弃疾归。国人每夜惊，曰："灵王入矣！"乙卯夜，弃疾使船人从江上走呼曰："灵王至矣！"国人愈惊。又使曼成然告初王比及令尹子皙曰："王至矣！国人将杀君，司马将至矣！君蚤自图，无取辱焉。众怒如水火，不可救也。"初王及子皙遂自杀。丙辰，弃疾即位为王，改名熊居，是为平王。

平王以诈弑两王而自立，恐国人及诸侯叛之，乃施惠百姓。复陈、蔡之地而立其后如故，归郑之侵地。存恤国中，修政教。吴以楚乱故，获五率以

归。平王谓观从："恣尔所欲。"欲为卜尹，王许之。

初，共王有宠子五人，无适立，乃望祭群神，请神决之，使主社稷，而阴与巴姬埋璧于室内，召五公子斋而入。康王跨之，灵王肘加之，子比、子皙皆远之。平王幼，抱其上而拜，压纽。故康王以长立，至其子失之；围为灵王，及身而弑；子比为王十余日，子皙不得立，又俱诛。四子皆绝无后。唯独弃疾后立，为平王，竟续楚祀，如其神符。

初，子比自晋归，韩宣子问叔向曰："子比其济乎？"对曰："不就。"宣子曰："同恶相求，如市贾焉，何为不就？"对曰："无与同好，谁与同恶？取国有五难：有宠无人，一也；有人无主，二也；有主无谋，三也；有谋而无民，四也；有民而无德，五也。子比在晋十三年矣，晋、楚之从不闻通者，可谓无人矣；族尽亲叛，可谓无主矣；无衅而动，可谓无谋矣；为羁终世，可谓无民矣；亡无爱征，可谓无德矣。王虐而不忌，子比涉五难以弑君，谁能济之！有楚国者，其弃疾乎？君陈、蔡，方城外属焉。苟慝不作，盗贼伏隐，私欲不违，民无怨心。先神命之，国民信之。芈姓有乱，必季实立，楚之常也。子比之官，则右尹也；数其贵宠，则庶子也；以神所命，则又远之；民无怀焉，将何以立？"宣子曰："齐桓、晋文不亦是乎？"对曰："齐桓，卫姬之子也，有宠于釐公。有鲍叔牙、宾须无、隰朋以为辅，有莒、卫以为外主，有高、国以为内主。从善如流，施惠不倦。有国，不亦宜乎？昔我文公，狐季姬之子也，有宠于献公。好学不倦。生十七年，有士五人，有先大夫子馀、子犯以为腹心，有魏犨、贾佗以为股肱，有齐、宋、秦、楚以为外主，有栾、郤、狐、先以为内主。亡十九年，守志弥笃。惠、怀弃民，民从而与之。故文公有国，不亦宜乎？子比无施于民，无援于外，去晋，晋不送；归楚，楚不迎。何以有国！"子比果不终焉，卒立者弃疾，如叔向言也。

平王二年，使费无忌如秦为太子建取妇。妇好，来，未至，无忌先归，说平王曰："秦女好，可自娶，为太子更求。"平王听之，卒自娶秦女，生熊珍。更为太子娶。是时伍奢为太子太傅，无忌为少傅。无忌无宠于太子，常谗恶太子建。建时年十五矣，其母蔡女也，无宠于王，王稍益疏外建也。

六年，使太子建居城父，守边。无忌又日夜谗太子建于王曰："自无忌入秦女，太子怨，亦不能无望于王，王少自备焉。且太子居城父，擅兵，外交诸侯，且欲入矣。"平王召其傅伍奢责之。伍奢知无忌谗，乃曰："王奈何以小臣疏骨肉？"无忌曰："今不制，后悔也。"于是王遂囚伍奢。乃令司马奋扬召太子建，欲诛之。太子闻之，亡奔宋。

无忌曰："伍奢有二子，不杀者为楚国患。盍以免其父召之，必至。"于是王使使谓奢："能致二子则生，不能将死。"奢曰："尚至，胥不至。"王曰："何也？"奢曰："尚之为人，廉，死节，慈孝而仁，闻召而免父，必至，不顾其死。胥之为人，智而好谋，勇而矜功，知来必死，必不来。然为楚国忧者必此子。"于是王使人召之，曰："来，吾免尔父。"伍尚谓伍胥曰："闻父免而莫奔，不孝也；父戮莫报，无谋也；度能任事，知也。子其行矣，我其归死。"伍尚遂归。伍胥弯弓属矢，出见使者，曰："父有罪，何以召其子为？"将射，使者还走，遂出奔吴。伍奢闻之，曰："胥亡，楚国危哉。"楚人遂杀伍奢及尚。

十年，楚太子建母在居巢，开吴。吴使公子光伐楚，遂败陈、蔡，取太子建母而去。楚恐，城郢。初，吴之边邑卑梁与楚边邑钟离小童争桑，两家交怒相攻，灭卑梁人。卑梁大夫怒，发邑兵攻钟离。楚王闻之怒，发国兵灭卑梁。吴王闻之大怒，亦发兵，使公子光因建母家攻楚，遂灭钟离、居巢。楚乃恐而城郢。

十三年，平王卒。将军子常曰："太子珍少，且其母乃前太子建所当娶也。"欲立令尹子西。子西，平王之庶弟也，有义。子西曰："国有常法，更立则乱，言之则致诛。"乃立太子珍，是为昭王。

昭王元年，楚众不说费无忌，以其谗亡太子建，杀伍奢子父与郤宛。宛之宗姓伯氏子嚭及子胥皆奔吴，吴兵数侵楚，楚人怨无忌甚。楚令尹子常诛无忌以说众，众乃喜。

四年，吴三公子奔楚，楚封之以扞吴。五年，吴伐取楚之六、潜。七年，楚使子常伐吴，吴大败楚于豫章。

十年冬，吴王阖闾、伍子胥、伯嚭与唐、蔡俱伐楚，楚大败，吴兵遂入

郢，辱平王之墓，以伍子胥故也。吴兵之来，楚使子常以兵迎之，夹汉水阵。吴伐败子常，子常亡奔郑。楚兵走，吴乘胜逐之，五战及郢。己卯，昭王出奔。庚辰，吴人入郢。

昭王亡也至云梦。云梦不知其王也，射伤王。王走鄖。鄖公之弟怀曰："平王杀吾父，今我杀其子，不亦可乎？"鄖公止之，然恐其弑昭王，乃与王出奔随。吴王闻昭王往，即进击随，谓随人曰："周之子孙封于江汉之间者，楚尽灭之。"欲杀昭王。王从臣子綦乃深匿王，自以为王，谓随人曰："以我予吴。"随人卜予吴，不吉，乃谢吴王曰："昭王亡，不在随。"吴请入自索之，随不听，吴亦罢去。

昭王之出郢也，使申鲍胥请救于秦。秦以车五百乘救楚，楚亦收余散兵，与秦击吴。十一年六月，败吴于稷。会吴王弟夫概见吴王兵伤败，乃亡归，自立为王。阖闾闻之，引兵去楚，归击夫概。夫概败，奔楚，楚封之堂谿，号为堂谿氏。

楚昭王灭唐。九月，归入郢。十二年，吴复伐楚，取番。楚恐，去郢，北徙都鄀。

十六年，孔子相鲁。二十年，楚灭顿，灭胡。二十一年，吴王阖闾伐越。越王句践射伤吴王，遂死。吴由此怨越而不西伐楚。

二十七年春，吴伐陈，楚昭王救之，军城父。十月，昭王病于军中，有赤云如鸟，夹日而蜚。昭王问周太史，太史曰："是害于楚王，然可移于将相。"将相闻是言，乃请自以身祷于神。昭王曰："将相，孤之股肱也，今移祸，庸去是身乎！"弗听。卜而河为祟，大夫请祷河。昭王曰："自吾先王受封，望不过江、汉，而河非所获罪也。"止不许。孔子在陈，闻是言，曰："楚昭王通大道矣。其不失国，宜哉！"

昭王病甚，乃召诸公子大夫曰："孤不佞，再辱楚国之师，今乃得以天寿终，孤之幸也。"让其弟公子申为王，不可。又让次弟公子结，亦不可。乃又让次弟公子闾，五让，乃后许为王。将战，庚寅，昭王卒于军中。子闾曰："王病甚，舍其子让群臣，臣所以许王，以广王意也。今君王卒，臣岂敢忘君王之意乎！"乃与子西、子綦谋，伏师闭途，迎越女之子章立之，是为惠王。然后罢兵归，葬昭王。

惠王二年，子西召故平王太子建之子胜于吴，以为巢大夫，号曰白公。白公好兵而下士，欲报仇。六年，白公请兵令尹子西伐郑。初，白公父建亡在郑，郑杀之，白公亡走吴，子西复召之，故以此怨郑，欲伐之。子西许而未为发兵。八年，晋伐郑，郑告急楚，楚使子西救郑，受赂而去。白公胜怒，乃遂与勇力死士石乞等袭杀令尹子西、子綦于朝，因劫惠王，置之高府，欲弑。惠王从者屈固负王亡走昭王夫人宫。白公自立为王。月余，会叶公来救楚，楚惠王之徒与共攻白公，杀之。惠王乃复位。是岁也，灭陈而县之。

十三年，吴王夫差强，陵齐、晋，来伐楚。十六年，越灭吴。四十二年，楚灭蔡。四十四年，楚灭杞。与秦平。是时越已灭吴而不能正江、淮北；楚东侵，广地至泗上。五十七年，惠王卒，子简王中立。

简王元年，北伐灭莒。八年，魏文侯、韩武子、赵桓子始列为诸侯。二十四年，简王卒，子声王当立。声王六年，盗杀声王，子悼王熊疑立。悼王二年，三晋来伐楚，至乘丘而还。四年，楚伐周。郑杀子阳。九年，伐韩，取负黍。十一年，三晋伐楚，败我大梁、榆关。楚厚赂秦，与之平。二十一年，悼王卒，子肃王臧立。肃王四年，蜀伐楚，取兹方。于是楚为扦关以距之。十年，魏取我鲁阳。十一年，肃王卒，无子，立其弟熊良夫，是为宣王。

宣王六年，周天子贺秦献公。秦始复强，而三晋益大，魏惠王、齐威王尤强。三十年，秦封卫鞅于商，南侵楚。是年，宣王卒，子威王熊商立。威王六年，周显王致文武胙于秦惠王。

七年，齐孟尝君父田婴欺楚，楚威王伐齐，败之于徐州，而令齐必逐田婴。田婴恐，张丑伪谓楚王曰："王所以战胜于徐州者，田盼子不用也。盼子者，有功于国，而百姓为之用。婴子弗善而用申纪。申纪者，大臣不附，百姓不为用，故王胜之也。今王逐婴子，婴子逐，盼子必用矣。复搏其士卒以与王遇，必不便于王矣。"楚王因弗逐也。

十一年，威王卒，子怀王熊槐立。魏闻楚丧，伐楚，取我陉山。

怀王元年，张仪始相秦惠王。四年，秦惠王初称王。

六年，楚使柱国昭阳将兵而攻魏，破之于襄陵，得八邑。又移兵而攻齐，齐王患之。陈轸适为秦使齐，齐王曰："为之奈何？"陈轸曰："王勿忧，请令罢之。"即往见昭阳军中，曰："愿闻楚国之法，破军杀将者何以贵之？"昭阳曰："其官为上柱国，封上爵执珪。"陈轸曰："其有贵于此者乎？"昭阳曰："令尹。"陈轸曰："今君已为令尹矣，此国冠之上。臣请得譬之。人有遗其舍人一卮酒者，舍人相谓曰：'数人饮此，不足以遍，请遂画地为蛇，蛇先成者独饮之。'一人曰：'吾蛇先成。'举酒而起，曰：'吾能为之足。'及其为之足，而后成人夺之酒而饮之，曰：'蛇固无足，今为之足，是非蛇也。'今君相楚而攻魏，破军杀将，功莫大焉，冠之上不可以加矣。今又移兵而攻齐，攻齐胜之，官爵不加于此；攻之不胜，身死爵夺，有毁于楚：此为蛇为足之说也。不若引兵而去以德齐，此持满之术也。"昭阳曰："善。"引兵而去。

燕、韩君初称王。秦使张仪与楚、齐、魏相会，盟啮桑。十一年，苏秦约从山东六国共攻秦，楚怀王为从长。至函谷关，秦出兵击六国，六国兵皆引而归，齐独后。十二年，齐湣王伐败赵、魏军，秦亦伐败韩，与齐争长。

十六年，秦欲伐齐，而楚与齐从亲，秦惠王患之，乃宣言张仪免相，使张仪南见楚王，谓楚王曰："敝邑之王所甚说者无先大王，虽仪之所甚愿为门阑之厮者亦无先大王。敝邑之王所甚憎者无先齐王，虽仪之所甚憎者亦无先齐王。而大王和之，是以敝邑之王不得事王，而令仪亦不得为门阑之厮也。王为仪闭关而绝齐，今使使者从仪西取故秦所分楚商於之地方六百里，如是则齐弱矣。是北弱齐，西德于秦，私商於以为富，此一计而三利俱至也。"怀王大悦，乃置相玺于张仪，日与置酒，宣言"吾复得吾商於之地"。群臣皆贺，而陈轸独吊。怀王曰："何故？"陈轸对曰："秦之所为重王者，以王之有齐也。今地未可得而齐交先绝，是楚孤也。夫秦又何重孤国哉，必轻楚矣。且先出地而后绝齐，则秦计不为。先绝齐而后责地，则必见欺于张仪。见欺于张仪，则王必怨之。怨之，是西起秦患，北绝齐交。西起秦患，北绝齐交，则两国之兵必至。臣故吊。"楚王弗听，因使一将军西受封地。

张仪至秦，详醉坠车，称病不出三月，地不可得。楚王曰："仪以吾绝齐为尚薄邪？"乃使勇士宋遗北辱齐王。齐王大怒，折楚符而合于秦。秦齐交合，张仪乃起朝，谓楚将军曰："子何不受地？从某至某，广袤六里。"楚将军曰："臣之所以见命者六百里，不闻六里。"即以归报怀王。怀王大怒，兴师将伐秦。陈轸又曰："伐秦非计也。不如因赂之一名都，与之伐齐，是我亡于秦，取偿于齐也，吾国尚可全。今王已绝于齐而责欺于秦，是吾合秦齐之交而来天下之兵也，国必大伤矣。"楚王不听，遂绝和于秦，发兵西攻秦。秦亦发兵击之。

十七年春，与秦战丹阳，秦大败我军，斩甲士八万，虏我大将军屈匄、裨将军逢侯丑等七十余人，遂取汉中之郡。楚怀王大怒，乃悉国兵复袭秦，战于蓝田，大败楚军。韩、魏闻楚之困，乃南袭楚，至于邓。楚闻，乃引兵归。

十八年，秦使使约复与楚亲，分汉中之半以和楚。楚王曰："愿得张仪，不愿得地。"张仪闻之，请之楚。秦王曰："楚且甘心于子，奈何？"张仪曰："臣善其左右靳尚，靳尚又能得事于楚王幸姬郑袖，袖所言无不从者。且仪以前使负楚以商於之约，今秦楚大战，有恶，臣非面自谢楚不解。且大王在，楚不宜敢取仪。诚杀仪以便国，臣之愿也。"仪遂使楚。

至，怀王不见，因而囚张仪，欲杀之。仪私于靳尚，靳尚为请怀王曰："拘张仪，秦王必怒。天下见楚无秦，必轻王矣。"又谓夫人郑袖曰："秦王甚爱张仪，而王欲杀之，今将以上庸之地六县赂楚，以美人聘楚王，以宫中善歌者为之媵。楚王重地，秦女必贵，而夫人必斥矣。夫人不若言而出之。"郑袖卒言张仪于王而出之。仪出，怀王因善遇仪，仪因说楚王以叛从约而与秦合亲，约婚姻。张仪已去，屈原使从齐来，谏王曰："何不诛张仪？"怀王悔，使人追仪，弗及。是岁，秦惠王卒。

二十年，齐湣王欲为从长，恶楚之与秦合，乃使使遗楚王书曰："寡人患楚之不察于尊名也。今秦惠王死，武王立，张仪走魏，樗里疾、公孙衍用，而楚事秦。夫樗里疾善乎韩，而公孙衍善乎魏；楚必事秦，韩、魏恐，必因二人求合于秦，则燕、赵亦宜事秦。四国争事秦，则楚为郡县矣。王何不与寡人并力收韩、魏、燕、赵，与为从而尊周室，以案兵息民，令于天下？莫敢不乐听，则王名成矣。王率诸侯并伐，破秦必矣。王取武关、蜀、汉之地，私吴、越之富而擅江海之利，韩、魏割上党，西薄函谷，则楚之强百万也。且王欺于张仪，亡地汉中，兵锉蓝田，天下莫不代王怀怒。今乃欲先事秦！愿大王孰计之。"

楚王业已欲和于秦，见齐王书，犹豫不决，下其议群臣。群臣或言和秦，或曰听齐。昭雎曰："王虽东取地于越，不足以刷耻；必且取地于秦，而后足以刷耻于诸侯。王不如深善齐、韩以重樗里疾，如是则王得韩、齐之重以求地矣。秦破韩宜阳，而韩犹复事秦者，以先王墓在平阳，而秦之武遂去之七十里，以故尤畏秦。不然，秦攻三川，赵攻上党，楚攻河外，韩必亡。楚之救韩，不能使韩不亡，然存韩者楚也。韩已得武遂于秦，以河山为塞，所报德莫如楚厚，臣以为其事王必疾。齐之所信于韩者，以韩公子眛为齐相也。韩已得武遂于秦，王甚善之，使之以齐、韩重樗里疾，疾得齐、韩之重，其主弗敢弃疾也。今又益之以楚之重，樗里子必言秦，复与楚之侵地矣。"于是怀王许之，竟不合秦，而合齐以善韩。

二十四年，倍齐而合秦。秦昭王初立，乃厚赂于楚。楚往迎妇。二十五年，怀王入与秦昭王盟，约于黄棘。秦复与楚上庸。二十六年，齐、韩、魏为楚负其从亲而合于秦，三国共伐楚。楚使太子入质于秦而请救。秦乃遣客卿通将兵救楚，三国引兵去。

二十七年，秦大夫有私与楚太子斗，楚太子杀之而亡归。二十八年，秦乃与齐、韩、魏共攻楚，杀楚将唐眜，取我重丘而去。二十九年，秦复攻楚，大破楚，楚军死者二万，杀我将军景缺。怀王恐，乃使太子为质于齐以求平。三十年，秦复伐楚，取八城。秦昭王遗楚王书曰："始寡人与王约为弟兄，盟于黄棘，太子为质，至欢也。太子陵杀寡人之重臣，不谢而亡去，寡人诚不胜怒，使兵侵君王之边。今闻君王乃令太子质于齐以求平。寡人与楚接境壤界，故为婚姻，所从相亲久矣。而今秦楚不欢，则无以令诸侯。寡人愿与君王会武关，面相约，结盟而去，寡人之愿也。敢以闻下执事。"楚怀王见秦王书，患之。欲往，恐见欺；无往，恐秦怒。昭睢曰："王毋行，而发兵自守耳。秦虎狼，不可信，有并诸侯之心。"怀王子子兰劝王行，曰："奈何绝秦之欢心！"于是往会秦昭王。昭王诈令一将军伏兵武关，号为秦王。楚王至，则闭武关，遂与西至咸阳，朝章台，如蕃臣，不与亢礼。楚怀王大怒，悔不用昭子言。秦因留楚王，要以割巫、黔中之郡。楚王欲盟，秦欲先得地。楚王怒曰："秦诈我而又强要我以地！"不复许秦。秦因留之。

楚大臣患之，乃相与谋曰："吾王在秦不得还，要以割地，而太子为质于齐，齐、秦合谋，则楚无国矣。"乃欲立怀王子在国者。昭睢曰："王与太子俱困于诸侯，而今又倍王命而立其庶子，不宜。"乃诈赴于齐，齐湣王谓其相曰："不若留太子以求楚之淮北。"相曰："不可，郢中立王，是吾抱空质而行不义于天下也。"或曰："不然。郢中立王，因与其新王市曰'予我下东国，吾为王杀太子，不然，将与三国共立之'，然则东国必可得矣。"齐王卒用其相计而归楚太子。太子横至，立为王，是为顷襄王。乃告于秦曰："赖社稷神灵，国有王矣。"

顷襄王横元年，秦要怀王不可得地，楚立王以应秦，秦昭王怒，发兵出武关攻楚，大败楚军，斩首五万，取析十五城而去。二年，楚怀王亡逃归，秦觉之，遮楚道，怀王恐，乃从间道走赵以求归。赵主父在代，其子惠王初立，行王事，恐，不敢入楚王。楚王欲走魏，秦追至，遂与秦使复之秦。怀王遂发病。顷襄王三年，怀王卒于秦，秦归其丧于楚。楚人皆怜之，如悲亲戚。诸侯由是不直秦。秦楚绝。

六年，秦使白起伐韩于伊阙，大胜，斩首二十四万。秦乃遗楚王书曰："楚倍秦，秦且率诸侯伐楚，争一旦之命。愿王之伤士卒，得一乐战。"楚顷襄王患之，乃谋复与秦平。七年，楚迎妇于秦，秦楚复平。

十一年，齐秦各自称为帝；月余，复归帝为王。十四年，楚顷襄王与秦昭王好会于宛，结和亲。十五年，楚王与秦、三晋、燕共伐齐，取淮北。十六年，与秦昭王好会于鄢。其秋，复与秦王会穰。

　　十八年，楚人有好以弱弓微缴加归雁之上者，顷襄王闻，召而问之。对曰："小臣之好射鶀雁。罗鸗，小矢之发也，何足为大王道也。且称楚之大，因大王之贤，所弋非直此也。昔者三王以弋道德，五霸以弋战国。故秦、魏、燕、赵者，鶀雁也；齐、鲁、韩、卫者，青首也；驺、费、郯、邳者，罗鸗也。外其余则不足射者。见鸟六双，以王何取？王何不以圣人为弓，以勇士为缴，时张而射之？此六双者，可得而囊载也。其乐非特朝昔之乐也，其获非特凫雁之实也。王朝张弓而射魏之大梁之南，加其右臂而径属之于韩，则中国之路绝而上蔡之郡坏矣。还射圉之东，解魏左肘而外击定陶，则魏之东外弃而大宋、方与二郡者举矣。且魏断二臂，颠越矣；膺击郯国，大梁可得而有也。王绩缴兰台，饮马西河，定魏大梁，此一发之乐也。若王之于弋诚好而不厌，则出宝弓，碆新缴，射嘴鸟于东海，还盖长城以为防，朝射东莒，夕发浿丘，夜加即墨，顾据午道，则长城之东收而太山之北举矣。西结境于赵而北达于燕，三国布祇，则从不待约而可成也。北游目于燕之辽东而南登望于越之会稽，此再发之乐也。若夫泗上十二诸侯，左萦而右拂之，可一旦而尽也。今秦破韩以为长忧，得列城而不敢守也；伐魏而无功，击赵而顾病，则秦魏之勇力屈矣，楚之故地汉中、析、郦可得而复有也。王出宝弓，碆新缴，涉鄼塞，而待秦之倦也，山东、河内可得而一也。劳民休众，南面称王矣。故曰秦为大鸟，负海内而处，东面而立，左臂据赵之西南，右臂傅楚鄢郢，膺击韩魏，垂头中国，处既形便，势有地利，奋翼鼓祇，方三千里，则秦未可得独招而夜射也。"欲以激怒襄王，故对以此言。

　　襄王因召与语，遂言曰："夫先王为秦所欺而客死于外，怨莫大焉。今以匹夫有怨，尚有报万乘，白公、子胥是也。今楚之地方五千里，带甲百万，犹足以踊跃中野也，而坐受困，臣窃为大王弗取也。"于是顷襄王遣使于诸侯，复为从，欲以伐秦。秦闻之，发兵来伐楚。

　　楚欲与齐、韩连和伐秦，因欲图周。周王赧使武公谓楚相昭子曰："三国以兵割周郊地以便输，而南器以尊楚，臣以为不然。夫弑共主，臣世君，大国不亲；以众胁寡，小国不附。大国不亲，小国不附，不可以致名实。名实不得，不足以伤民。夫有图周之声，非所以为号也。"昭子曰："乃图周则无之。虽然，周何故不可图也？"对曰："军不五不攻，城不十不围。夫一周为二十晋，公之所知也。韩尝以二十万之众辱于晋之城下，锐士死，中士伤，而晋不拔。公之无百韩以图周，此天下之所知也。夫怨结于两周以塞骁、鲁之心，交绝于齐，声失天下，其于事危矣。夫危两周以厚三川，方城之外必为韩弱矣。何以知其然也？西周之地，绝长补短，不过百里。名为天下共主，裂其地不足以肥国，得其众不足以劲兵。虽无攻之，名为弑君。然而好事之君，喜攻之臣，发号用兵，未尝不以周为终始。是何也？见祭器在焉，欲器之至而忘弑君之乱。今韩以器之在楚，臣恐天下以器仇楚也。臣请譬之。夫虎肉臊，其兵利身，人犹攻之也。若使泽中之麋蒙虎之皮，人之攻之必万于虎矣。裂楚之地，足以肥国；诎楚之名，足以尊主。今子将以欲诛残天下之共主，居三代之传器，吞三翮六翼，以高世主，非贪而何？《周书》曰'欲起无先'，故器南则兵至矣。"于是楚计辍不行。

十九年，秦伐楚，楚军败，割上庸、汉北地予秦。二十年，秦将白起拔我西陵。二十一年，秦将白起遂拔我郢，烧先王墓夷陵。楚襄王兵散，遂不复战，东北保于陈城。二十二年，秦复拔我巫、黔中郡。

二十三年，襄王乃收东地兵，得十余万，复西取秦所拔我江旁十五邑以为郡，距秦。二十七年，使三万人助三晋伐燕。复与秦平，而入太子为质于秦。楚使左徒侍太子于秦。三十六年，顷襄王病，太子亡归。秋，顷襄王卒，太子熊元代立，是为考烈王。考烈王以左徒为令尹，封以吴，号春申君。

考烈王元年，纳州于秦以平。是时楚益弱。六年，秦围邯郸，赵告急楚，楚遣将军景阳救赵。七年，至新中。秦兵去。十二年，秦昭王卒，楚王使春申君吊祠于秦。十六年，秦庄襄王卒，秦王赵政立。二十二年，与诸侯共伐秦，不利而去。楚东徙都寿春，命曰郢。

二十五年，考烈王卒，子幽王悍立。李园杀春申君。幽王三年，秦、魏伐楚。秦相吕不韦卒。九年，秦灭韩。十年，幽王卒，同母弟犹代立，是为哀王。哀王立二月余，哀王庶兄负刍之徒袭杀哀王而立负刍为王。是岁，秦

虏赵王迁。

王负刍元年，燕太子丹使荆轲刺秦王。二年，秦使将军伐楚，大破楚军，亡十余城。三年，秦灭魏。四年，秦将王翦破我军于蕲，而杀将军项燕。五年，秦将王翦、蒙武遂破楚国，虏楚王负刍，灭楚，为郡云。

太史公曰：楚灵王方会诸侯于申，诛齐庆封，作章华台，求周九鼎之时，志小天下；及饿死于申亥之家，为天下笑。操行之不得，悲夫！势之于人也，可不慎与？弃疾以乱立，嬖淫秦女，甚乎哉，几再亡国！

考古所见楚文化的东进与西退

文·徐良高

一、历史背景与问题缘起

有周一代，楚人与楚文化的主要对手和争霸对象是中原文化及其政权。西周时期，楚人与周王室发生过激烈的冲突，如周初的昭王南征荆楚。东周时期，早期的晋国和后来的三晋（韩、赵、魏）都是楚人的主要对外争斗对象。虽然楚文化主要受到中原地区周文化的影响，楚人也把主要的努力方向放在北方的中原地区，但影响楚国成败和楚文化发展的重要因素却是来自它与西北和东南两个方向的相关势力与文化的关系。因此，我们不仅应该重点关注楚文化与中原文化的关系，而且应该关注楚文化在西北与东南两个方向的进退与影响。

楚人虽不断北上争霸中原，也向西发展，灭庸逐巴，但楚人不断取得的成功却是在东方和南方。经过长期的扩张、发展，长江与淮河流域

的大部分地区成为楚文化的分布区。春秋之时，"汉阳诸姬，楚实尽之"已显示楚国早期的东进战略。此后，楚人不断在东方灭国拓疆。战国之时，楚国在与西北的秦国斗争中常常落败，但在东方的发展却很成功。楚国也常常联合西北的秦国来共同对付东方的齐国，巩固自己在东南方向的扩张成果。楚国东迁后更专心经营东部。楚考烈王在位时，以春申君为相，致力于东部的发展，楚国国力有所恢复，并在公元前256年灭鲁。

从文献记载看，总的来说，楚人在西北方向先攻后守，进展不大，终灭于秦；而在东南方向却基本取攻势，并获得巨大成功。

据文献记载，楚国两次迁都城阳城也与同楚国东南、西北方向政治势力的斗争密切相关。

第一次，公元前506年前后，楚国与东南方的吴国交战，吴国军队攻破楚都郢，楚昭王逃亡，楚国第一次将国都临时迁于城阳。最终，西北的秦国派兵"五百乘"，前来援助楚国，使楚国免去亡国之灾。

第二次，公元前278年，秦国大将白起攻破楚都郢，并占领湖北一带大部分楚地，形势危急。无奈之下，楚顷襄王不得不把楚国的统治中心第二次迁到城阳，以作为自己的临时都城。后又迁至淮阳、巨阳，公元前241年，楚国又迁都至寿春，开启了楚国晚期立足东南，继续生存几十年的新局面。

二、考古所见秦地的楚文化及其特点

与文献记载相呼应的，在考古发现的古代物质文化遗存中也展现出楚文化在西北方向居守势和在东南方向居攻势的现象。

首先，从秦楚疆界地区的文化遗存变化替代现象来看，处于秦楚交界处的丹凤楚墓[1]、陕南楚墓[2]显示了楚文化遗存在西北方向的进退与最终消失的变化过程。其中，以陕西丹凤商邑为代表的秦文化遗存取代楚文化遗存典型地反映了秦文化与楚文化在这一带的一进一退。杨亚长通过分析丹凤地区的楚文化风格墓葬、遗存与秦文化风格墓葬、遗存的替代现象，指出："从考古资料来看，约自春秋中期至战国中期，丹江上游所发现的考古遗存为楚文化遗存；但是到了战国晚期，该地区的考古遗存则为典型的秦文化遗存。如在丹凤古城楚墓地的西侧，就曾发现有战国晚期时修筑的古城；而在古城旁边的居住遗址中，所发现的战国晚期遗存均为典型的秦文化遗存。该遗址还出土有'商'字瓦文，说明这里应当就是秦国的商邑。在山阳鹃岭东周墓地，战国早期和中期墓葬均属楚系，而战国晚期墓葬则为典型的秦墓。此外，在商州区（原商县）甘河口村和山阳县乔村等地点，近年来亦有战国晚期至秦代的典型秦墓被发现。这些考古遗存清楚地表明，到了战国晚期，丹江上游地区的楚文化已经被秦文化所完全取代。"[3]

从处于秦文化中心区的关中秦墓出土遗物来看，我们也可以发现，楚文化因素在秦文化中极为少见，反映出楚文化在秦人眼中地位不彰，楚文化对秦文化的影响极为有限。

为了以考古发现来说明这一问题，我们首先从考古学常见的遗物——陶器来看看秦文化和楚文化各自独具特征，互不相同的陶器器类、器形及其组合。

我们知道，春秋战国时期秦文化有自己独特的陶器群组合，包括日用陶器和仿铜陶礼器两大类。其中，仿铜陶礼器春秋至战国早期多见于

---

[1] 陕西省考古研究所、商洛市博物馆编著：《丹凤古城楚墓》，三秦出版社，2006年6月。

[2] 杨亚长：《略论陕南地区的战国墓葬》，《考古与文物》1997年第4期。

[3] 陕西省考古研究所、商洛市博物馆编著：《丹凤古城楚墓》，第166页，三秦出版社，2006年6月。

中型以上贵族墓葬中，到战国中后期，仿铜陶礼器则在大、中、小型墓葬中均可见到。

从日用陶器组合来看，从春秋时期到战国早期，秦文化基本相同，均以鬲、豆、盆（盂）、罐为常见组合，春秋晚期和战国早期出现囷。战国中期，日用陶器以鬲、盂、罐为组合，新出现了小口圆肩罐，有些墓还出现釜。战国晚期直到秦代的日用陶器组合为釜、盂、罐，或并出茧形壶。从日用陶器的器形变化来看，鬲体逐渐变扁，肩部越来越明显，裆部由较高发展到低平裆；豆由深盘变浅盘，豆柄由粗矮向细高发展；罐的喇叭口由小变大，颈部越来越高。

秦文化的仿铜陶礼器组合包括鼎、簋、方壶、甗、匜等，器表多施彩绘图案。战国中期以后的陶礼器为鼎盒壶组合，包括附耳圆腹鼎、有盖豆、锤式圆壶，有些墓中还见蒜头壶、茧形壶。

楚文化陶器则以高柱足楚式鬲为代表，典型陶器组合为鬲、盆（盂）、罐、长颈壶、豆、瓮等。鬲最具特点，造型为高柱足，足窝浅，与当地传统的罐形鼎和盆形鼎相似，被称为鼎式鬲或楚式鬲。盆为宽扁形，束颈，内凹底，素面或腹部饰绳纹。豆分细柄豆和盖豆，多饰暗纹。

除了日用陶器，楚墓还随葬了大量的火候较低的泥质陶明器，其中大多数为仿铜陶礼器，少数为日用陶明器。日用陶明器组合为鬲、盂、罐或鬲、盂、豆、罐。仿铜陶礼器主要有两种组合：一种为鼎、簋、缶、盘、匜、豆、斗，主要流行于江陵地区；另一种为鼎、敦、壶、盘、匜、斗（或加豆、盂、小口鼎、勺），多见于鄂北地区。战国晚期，楚墓流行鼎、盆、钫、盘、匜、勺陶礼器组合。陶敦经历了由椭圆形到球形，从蹄足变为纽形足的过程。

参照以上标准，通过全面梳理关中地区秦墓的形制与随葬品，我们可以发现，在秦地秦文化墓葬随葬品中，楚文化因素极少见。迄今为止，仅在咸阳任家咀[1]、沣西客省庄、华县东阳[2]、陇县店子[3]等几个墓地的极少数墓葬中见到个别楚文化因素的器物。

任家咀秦墓共发掘秦墓 242 座，时代从春秋中期至统一秦前后。出土楚文化特征的文物有陶鬲、陶鼎、铜戈、铜剑等屈指可数的几件。其中，陶鬲 M42:1，敛口，方唇，束颈，三柱足，口径 17.1 厘米，高 16.7 厘米。陶鼎 M196:9、M96:4、M211:4，高足、外撇，高耳，蹄足，肩附两立耳，耳上有长方形孔。铜剑首 M80:8、M76:1，茎为圆柱形，剑身扁平，两面有脊，柱上有缠绕的丝麻痕，与楚地常见的剑相似。

在沣西客省庄东周秦代遗址中存在一种瓮棺葬，由两件陶鬲口对口套在一起构成瓮棺。所用陶鬲一般都是东周时期典型的秦文化陶鬲，但陶鬲 K65 为柱足，形制特殊，具有楚式鬲风格[4]。

华县东阳墓地共发掘秦文化墓葬 39 座。墓地出土的 3 件仿铜附耳球腹陶鼎（M62：1、2、4）具有楚式鼎的风格。另外 2 件兵器可视为楚文化因素，其中，戈镦 M34：2 与当阳赵家湖和长沙楚墓的相关戈镦形制相似，铜剑 M17：1 与当阳赵家湖楚墓 A Ⅱ b 式铜剑相似。西安北郊秦墓出土羽状纹衬地四山纹铜镜和云雷纹衬地的花叶纹铜镜各 1 件[5]，咸阳塔儿坡秦墓出土的卷云纹、羽状纹铜镜各 1 件（M28031：1 和 M43173：3）[6]，它们与湖南、湖北、安徽等地楚墓中出土的铜镜相似。凤翔西道沟出土一件铜缶（M26：11），与楚地的浴缶相似。另外，西安南

[1] 咸阳市文物考古研究所编著：《任家咀秦墓》，科学出版社，2005 年 5 月。
[2] 陕西省考古研究所、秦始皇兵马俑博物馆编著：《华县东阳》，科学出版社，2006 年 12 月。
[3] 陕西省考古研究所编著：《陇县店子秦墓》，三秦出版社，1998 年 8 月。
[4] 中国科学院考古研究所编著：《沣西发掘报告》，文物出版社，1962 年。
[5] 陕西省考古研究所：《西安北郊秦墓》，三秦出版社，2006 年。
[6] 咸阳市文物考古研究所：《塔儿坡秦墓》，三秦出版社，1998 年。

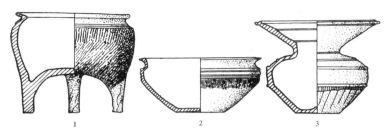

任家咀 M42 出土陶器

郊潘家庄 M159 出土一枚"郢爰"金币[1]，1972 年咸阳渭城区路家坡发现形制基本完好的陈爰金版 8 枚[2]。

从这些楚文化风格遗物的出土背景来看，它们都不是独立成组地出现的，而是零星地、偶然地与典型秦文化风格器物共存于同一座墓葬中，看不出其受到特别重视，占有重要地位的迹象。如任家咀 M42 的柱足鬲与典型的秦文化陶器盂和喇叭口罐同出；华县东阳 M62 的仿铜附耳球腹陶鼎也与典型的秦文化陶器盂和喇叭口罐同出，与铜剑 M17:1 同出的墓内随葬品是典型的秦文化陶器壶、鼎、喇叭口罐、簋、豆、盆、瓿、囷等。迄今为止，在秦国范围内尚未发现典型楚文化风格墓葬及与之相伴的成组楚文化风格遗物出土。

以上这些现象反映出楚文化在西北的守势和对秦文化影响力的弱势地位。

不过，从历史发展的长河中，我们也应看到楚秦文化互动关系的另一面。东周时期的楚国虽然在与秦国的争斗中失败，但经过秦末的争战，

[1] 西安市文物保护考古所:《西安南郊秦墓》，陕西人民出版社，2004 年。
[2] 咸阳市博物馆:《咸阳市近年发现的一批秦汉遗物》，《考古》1973 年第 3 期。

建立汉王朝的统治集团来自楚文化区，因此汉代文化具有浓厚的楚文化因素。"丰富灿烂的楚文化对统一的汉文化的形成发挥了重要作用；楚人的思想意识、道德观念、宗教信仰、风俗习惯等对汉代的精神文明也产生了极大的影响。"[1] "两汉时期，长江流域区域信仰文化通过来自于长江流域的统治阶层将自身的诸多文化因素带入中国文化大传统中，所以我们可以看到在两汉文化中出现了一系列关于神仙世界、天上地下、羽化升仙、东王公、西王母、巫蛊之术等的宗教信仰和思想观念，它们成为墓室壁画、画像砖、铜镜纹饰等的主题。汉代文化中的这些因素与中原地区传统的礼乐文化差别很大，而与以楚文化为代表的长江流域文化关系更为密切，似一脉相承。"[2] 以楚文化为根基的长江流域文化在某种意义上最终战胜了秦文化，东周时期多元文化的融合产生了辉煌的汉文化。

三、考古所见吴越地区的楚文化及其特点

与西北方向形成鲜明对比的是，楚文化在东南方向表现出明显的攻势和强势的文化传播地位。关于楚文化在东南的发展，许多学者都有关注[3]。我们试以吴越文化特征墓葬与楚文化特征墓葬在吴越地区的盛

[1] 高崇文：《浅谈楚汉文脉关系》，《中原文化研究》2017 年第 2 期。

[2] 徐良高：《中国三代时期的文化大传统与小传统——以神人像类文物所反映的长江流域早期宗教信仰传统为例》，《考古》2014 年第 9 期。

[3] 刘兴：《从江苏东周时期遗存看楚文化的东渐》，见楚文化研究会编《楚文化研究论集·第一集》，荆楚书社，1987 年；高至喜：《论战国晚期楚墓》，《东南文化》1990 年第 4 期；杨权喜：《绍兴 306 号墓文化性质的分析——兼述楚文化对吴越地区的影响》，《东南文化》1992 年第 6 期；刘和惠：《楚文化的东渐》，湖北教育出版社，1995 年；叶文宪：《论战国时期吴越地区的越文化与楚文化》，《苏州科技学院学报（社会科学版）》第 23 卷第 2 期，2006 年 5 月；原元甫：《宁绍地区战国墓葬楚文化因素考略》，见宁波市文物考古研究所等编《宁波文物考古研究文集》，科学出版社，2008 年；等等。

衰消亡和替代现象来一窥楚文化是如何向东南地区扩张并最终取代传统吴越文化的。

首先，我们来看看吴越墓葬和楚文化墓葬各自都有什么特点，彼此之间有何区别。

两周时期，传统吴越文化的葬俗特征包括墓葬建于平地或山坡、山顶之上，盛行平地掩埋、堆土成墩的土墩墓和石室土墩墓，一墩一墓或一墩多墓，葬具流行独木棺和木头搭建的"人"字形椁，主要随葬原始瓷器、印纹硬陶器以及具有自身风格的铜器，大型墓葬中的礼乐器多为原始瓷质，少见青铜礼器。

楚文化墓葬的基本特征则为土坑竖穴墓，埋葬于地面之下，以棺椁为葬具，大墓棺椁之间由隔板分成多室。棺椁周围往往填以青膏泥。随葬品既有青铜礼乐器，也有陶礼器和日用陶器，基本不见原始瓷器和印纹硬陶器。大中型墓葬中常常随葬镇墓兽、人俑、大量漆器、遣策，等等。随葬陶器组合有鬲、盂、罐，仿铜陶礼器有鼎、盏、簠、盖豆、豆、敦、盒、壶、缶、盘、匜、小口鼎、盉（鐎壶）等，其中以鼎、敦、壶、盘、匜为基本组合。

在传统的吴越文化区内，即楚的东方和东南方，西周至战国前期，流行的都是土墩墓和石室土墩墓。这类土墩墓和石室土墩墓在宁镇地区、环太湖地区、宁绍平原、浙南闽北、皖南等地区广泛存在，甚至出现于苏北的连云港一带，是标志性的吴越文化特征。但进入战国后期，土墩墓和石室土墩墓却消失了，被楚文化风格的竖穴土坑墓所代替，楚式棺椁代替独木棺，此前以原始瓷和印纹硬陶为主的随葬品也被楚文化风格的陶器、仿铜陶礼器、人俑、漆木器等所取代。

据考古发现，迄今在东南一带已发现"楚式墓"30余座，散见于安徽宣城，江苏无锡、武进、苏州、吴县、南京、江宁，上海嘉定、青浦，浙江安吉、绍兴、余姚、宁波等地[1]。典型墓葬有苏州木渎战国遗存[2]、上海福泉山 M88[3]、上海青浦重固战国墓[4]、上海嘉定外冈古墓[5]、苏州真山四号墩诸墓[6]、苏州善山 M7[7]、无锡施墩 M5、安吉五福楚墓[8]、安吉垄坝楚墓[9]、江苏武进孟河战国墓[10]、江苏吴县何山东周墓[11]、绍兴凤凰山木椁墓[12]、浙江安吉上马山楚墓等。这些墓葬中随葬品的陶器组合主要为鼎、豆、盒、壶，另加杯、钫、勺等，另外陶俑也较为常见。

典型例证：苏州木渎古城西北约 3 千米的善山墓地 M7，为长方形竖穴土坑墓，长 3.26 米、宽 1.7 米、深 0.86 米。墓内有棺，随葬陶器 8 件，包括鼎、豆、盒、钫、罐、勺、杯与俑头等。从器物特征看，该墓属典型的战国晚期楚墓。

江苏无锡施墩 M5，为一长方形竖穴土坑墓，出土器物包括黑胎陶

---

[1] 杨哲峰：《关于江东地区"楚式墓"的发现与研究》，《东方博物》第四十二辑。

[2] 中国社会科学院考古研究所、苏州市考古研究所苏州古城联合考古队：《苏州木渎古城 2011—2014 年考古报告》，《考古学报》2016 年第 2 期。

[3] 周丽娟：《上海青浦福泉山发现一座战国墓》，《考古》2003 年第 11 期。

[4] 上海市文物保管委员会：《上海青浦县重固战国墓》，《考古》1988 年第 8 期。

[5] 黄宣佩：《上海市嘉定县外冈古墓清理》，《考古》1959 年第 12 期。

[6] 苏州博物馆：《苏州真山四号墩发掘报告》，《东南文化》2001 年第 7 期。

[7] 中国社会科学院考古研究所、苏州市考古研究所苏州古城联合考古队：《苏州木渎古城 2011—2014 年考古报告》，《考古学报》2016 年第 2 期。

[8] 浙江省文物考古研究所、安吉县博物馆：《浙江安吉五福楚墓》，《文物》2007 年第 7 期。

[9] 金翔：《浙江安吉县垄坝村发现一座战国楚墓》，《考古》2001 年第 7 期。

[10] 镇江市博物馆：《江苏武进孟河战国墓》，《考古》1984 年第 2 期。

[11] 墓中出土了自铭为"楚叔之孙途为之盂"的铜盂。对于此墓的时代和性质有不同看法，发掘简报认为该墓出土铜器"明显地包括两种不同的风格"，其中制作精细、有装饰花纹的部分铜器"应该是春秋晚期的楚器"，"很可能是吴人掠回的战利品，赐给攻楚的功臣，死后随葬的"，另一部分制作简朴的铜器"具有明显的吴越地区风格"。发掘者推断墓主人可能是公元前 506 年攻楚有功之人，墓葬年代"估计应在周敬王十四年吴楚战争结束后或稍晚"。见吴县文物管理委员会：《江苏吴县何山东周墓》，《文物》1984 年第 5 期。

[12] 绍兴文管会：《绍兴凤凰山木椁墓》，《考古》1976 年第 6 期；绍兴县文物保护管理所：《浙江绍兴凤凰山战国木椁墓》，《文物》2002 年第 2 期。

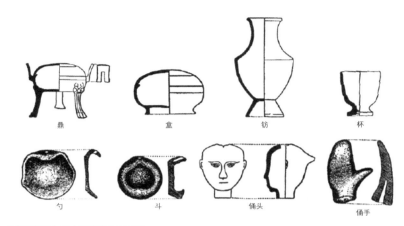

无锡施墩 M5 出土陶器组合示意图

鼎 2 件、黑陶簋（盒）1 件、陶钫 2 件、黑陶杯 2 件、陶钵（勺）2 件、陶碟（斗）2 件、陶俑 2 件等[1]。

上海青浦县福泉山 M1 出土泥质灰陶鼎 2 件、盒 2 件、壶 2 件、豆 2 件，泥质红陶罐 1 件、玉璧 2 件；M4 出土泥质红陶鼎 1 件、盒 1 件、钫 1 件、勺 2 件、俑头 2 件、俑手 4 件，泥质灰陶豆 1 件、壶 1 件。发掘者参照高至喜有关湖南楚墓的研究，推断这些墓葬的年代属于战国晚期，文化特征属楚文化体系。

绍兴凤凰山 M3，墓室为竖穴土坑木椁墓，木椁四周充填白膏泥，完全为楚式墓特征。随葬的泥质黑陶器和原始青瓷器各半，另有 15 件印纹硬陶，其中的泥质黑陶器是楚式的，原始青瓷和印纹硬陶器是越式的。对于这些越文化风格的原始瓷和印纹硬陶器，有学者根据墓中出土玉矛上的"越王不光"铭文，推测越式原始瓷、印纹硬陶和这柄玉矛

---

[1] 谢春祝：《无锡施墩第五号墓》，《文物参考资料》1956 年第 6 期。

一样，是墓主战胜越国后获得的战利品[1]。不过，也有学者认为这种楚、越两种文化因素同处于一座墓葬的现象是"越文化与楚文化融合体"的表现[2]。

1992—1994 年，在苏州真山墓地抢救发掘一批东周墓葬，其中有 3 座被认为是"战国晚期"的墓葬，编号为 D1M1、D2M1 和 D3M1。D1M1 为带斜坡墓道的"甲"字形大墓，墓道靠近墓室口处两侧竖立有铜戈，虽被盗扰，仍出土了包括 4 件鼎在内的 26 件铜器。此外，还有陶质郢爰冥币 2 块和 1 件玉璧等遗物。尤其是"上相邦玺"铜印的出土，引起学术界广泛关注，或认为铜印与楚相黄歇有关，从而推断该墓可能为春申君之墓[3]。D2M1 形制与 D1M1 接近，但规模略小，出土遗物 16 件，包括泥质红陶鼎 2 件、盒 2 件、钫 2 件、杯 2 件、勺 4 件、俑头 1 件，泥质灰陶双耳罐 1 件、铜镜 1 件。D3M1 为竖穴木椁墓，无墓道，出土遗物 15 件，包括泥质灰陶鼎 4 件、敦（盒）2 件、俑头 1 件，釉陶壶 2 件、瓴 2 件、薰 1 件，铁剑 1 件，玉扳指和玉印各 1 件。发掘者推断 D2M1 和 D3M1 的年代均为战国晚期，墓主分别为春申君的夫人和儿子。[4]

1973 年 12 月江苏无锡前洲出土一批青铜器，其中 1 件铜鉴和 2 件铜豆上均有铭文。李零、刘雨考证认为"（铜器）大约是作于公元前 306—前 223 年的 84 年间，而且比较大的可能是在这一段时间的靠后阶

[1] 叶文宪：《论战国时期吴越地区的越文化与楚文化》，《苏州科技学院学报（社会科学版）》第 23 卷第 2 期，2006 年 5 月。

[2] 陈元甫：《宁绍地区战国墓葬楚文化因素考略》，《宁波文物考古研究文集》，科学出版社，2008 年。

[3] 王人聪：《真山墓地出土"上相邦玺"辨析》，《故宫博物院院刊》1998 年第 2 期；曹锦炎：《关于真山出土的"上相邦玺"》，《故宫博物院院刊》1999 年第 2 期；朱泉：《苏州真山春申君墓出土郢爰陶冥币》，《中国钱币》1996 年第 2 期。

[4] 苏州博物馆：《真山东周墓地》，文物出版社，1999 年。

段，即在楚徙都寿春后的 18 年间。""是一位楚王子所作"[1]。李学勤进一步推断这组青铜器"应为一座墓葬的随葬品，器主是郏陵君王子申"，"可能是楚幽王之子，也可能是其弟"，"王子申之封，只能是黄歇被李园刺杀之后，即公元前 237 年之后"[2]。另有器主为"春申君"[3]或"王子负刍"[4]等不同的看法。

总之，所有这些吴越地区楚式墓的墓室形制、棺椁结构都显示出典型楚文化的特征，随葬器物及其组合，无论是铜器、玉器，还是陶器，都和其他地区楚墓的器物基本一样，展现出楚文化在东南强势传播的历史现象。从时间上看，这种典型楚式墓出现并广泛分布于吴越地区的时间与文献记载的战国中期"楚威王兴兵而伐之，大败越，杀王无疆，尽取故吴地至浙江，北破齐于徐州。而越以此散，诸族子争立，或为王，或为君，滨于江南海上，服朝于楚"[5]的记载相呼应。

针对典型楚式墓广泛出现这一现象，有学者推断："当楚人灭了越国、驱逐了越人以后，在吴越地区楚文化不是继承越文化，而是覆盖了越文化。虽然春秋战国时期在吴越地区吴文化、越文化、楚文化是前后相继的，就像是三叠层一样，然而它们的关系基本上是一种替代与覆盖，所以我们不能把战国时期吴越地区的越文化和楚文化也称作'吴文化'或'大吴文化'。"[6]虽然这一论断有些绝对，但战国中期以后，楚文化在东南地区强势传播，楚文化短期内代替传统吴越文化的现象确实明显，楚

[1]李零、刘雨:《楚郏陵君三器》,《文物》1980 年第 8 期。

[2]李学勤:《从新出土青铜器看长江下游文化的发展》,《文物》1980 年第 8 期。

[3]何琳仪:《楚郏陵君三器考辨》,《江汉考古》1984 年第 1 期。

[4]何浩:《郏陵君与春申君》,《江汉考古》1985 年第 2 期。

[5]见《史记·越王勾践世家》,中华书局,1959 年。

[6]叶文宪:《论战国时期吴越地区的越文化与楚文化》,《苏州科技学院学报（社会科学版）》第 23 卷第 2 期，2006 年 5 月。

文化认同取代传统吴越文化成为东南地区的主流文化认同。也正因为这种对楚文化认同的形成，项氏几代虽本为楚国传统贵族，却以江东，即原来的吴越文化区为自己的老家、根据地，最终率领原为吴越之人的江东子弟北上灭秦，实现"楚虽三户，亡秦必楚"的豪言壮志。

所有这些现象都显示楚文化在东南方向融合、取代当地吴越文化传统而获得的成功。这种促进不同文化有效融合的经验对于今天的社会仍然具有借鉴价值，值得我们总结和重视。

四、结　语

通过以上对楚文化在西北方向秦文化区和东南方向传统的吴越文化区传播状况的比较研究，我们可以看出，楚文化在西北方向的秦文化区呈现明显的弱势、守势地位，在东南方向的吴越文化区呈现明显的攻势、主导地位，两者对比鲜明。这一现象与文献中战国中晚期楚国势力东进西退的历史记载相符。这一比较研究也使我们对物质文化传播与政治背景的关系有了更深切地认识。

后 记

淮南的天，时而放晴、时而飘雨。前一刻，抬头望去，朦胧的天色中只有依稀可见的云朵，然而转瞬间，风起云涌，天空就开始下雨。风云变幻，仿佛演绎战国时期风云诡谲的故事，诉说着千年前的历史。

感谢宫希成、徐良高、张闻捷、路国权、张治国、易俊龙、李凤翔老师们的支持和信任，武王墩墓的发现和历史，蔚为大观，对此，作为记者的我，始终怀着诚惶诚恐、崇敬仰望的态度，但十多年的考古报道经历也提醒着我，考古要融入社会，考古过程可以有更多角度诉说给大众，考古成果的发布可以有更多可能性。

务实又浪漫，是大多数考古工作者给我的感受。他们大多长期在野外，黝黑的皮肤、朴素的穿着是他们的外在标识。但事实上，考古工作者又常常怀着浪漫主义情怀，仰望星空、脚踩大地，没有一些理想主义，谁又能长期坚持在考古一线，和家人聚少离多。在武王墩墓考古发掘队中，这些优秀的考古工作者往往兼具务实和浪漫两种看似矛盾的特质，长期和考古工作者打交道，我几乎可以一眼就从人群中认出他们。这些可爱又可敬的考古工作者，值得更多人关注。

严谨又细腻，是大多数考古工作者的个性特质。考古的复杂，需要考古工作者严谨、精益求精；考古的偶然性，又需要他们细致、专心致志。他们往往看起来沉默寡言，但只要一提到他们熟悉的考古领域，又会滔滔不绝。在我和武王墩墓考古队几位"大咖"聊天的时候，往往能看见他们说到专业领域，眼中都散发着光。

庆幸的是，我们都赶上了考古的好时代。习近平总书记多次对考古工作作出重要指示批示，党和政府十分重视考古工作，这些都给了考古工作者极大的机会和舞台。越来越多的年轻人加入了考古的队伍，在武王墩墓考古工作中，老中青考古队员各司其职，年轻人在很多领域都承担重任，有数据统计，武王墩墓考古队的平均年龄不到30岁。

这些，也给考古成果传播带来了全新的机遇。

近年来，多种手段已经开始探索。"考古发现＋全网直播"成为一种向公众展示考古工作成果的新渠道。年度十大考古新发现线上直播、三星堆考古挖掘直播、"中国社会科学院考古学论坛·中国考古新发现"线上直播……越来越多的考古发掘和发现，通过直播等方式，及时向公众传递考古成果，传递考古背后的故事和意义。

边考古边展示，也成为一种新的趋势。相关部委建立了重大考古及时发布机制，相关考古遗址及时举办展览、开展讲座等，让更多人了解考古过程和结果，走近科学考古。

考古工作者的工作和成果，能以更生动的讲述，传递给公众，获得公众的理解和支持。因此，本书希望以考古工作者第一人称的视角，深入浅出，娓娓道来地诉说历史。

再次感谢各位老师，还要感谢帮助整理的尹雨佳、叶鹂、厉烨、张凯怡，在考古面前，我们都是"小学生"，但这不妨碍，我们一直在路上。

王珏

图书在版编目（ＣＩＰ）数据

发现武王墩 / 王珏主编．－－ 上海 ： 东方出版中心，
2025．1．－－ ISBN 978-7-5473-2652-7

Ⅰ．K878.84

中国国家版本馆 CIP 数据核字第 20240XZ150 号

发现武王墩

主　　编　王　珏
出　　品　东方出版中心北京分社
策划统筹　范　斐　曾孜荣
责任编辑　温宝旭
特邀编辑　汤梦焯　孔维珉
营销发行　柴清泉　周　然
装帧设计　一瓢文化·邱特聪
摄　　影　陶　涛　张闻捷　张　端　武王墩墓考古工作队

出 版 人　陈义望
出版发行　东方出版中心
地　　址　上海市仙霞路 345 号
邮政编码　200336
电　　话　021-62417400
印 刷 者　北京博海升彩色印刷有限公司

开　　本　890mm×1240mm　1/32
印　　张　5.5
字　　数　120 千字
版　　次　2025 年 1 月第 1 版
印　　次　2025 年 1 月第 1 次印刷
定　　价　58.00 元

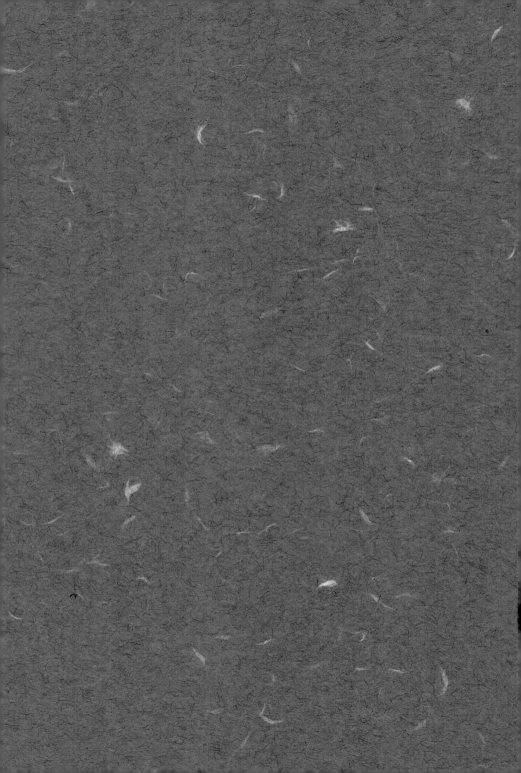